Frick | Mutig denken

[Was bedeutet das alles?]

Marie-Luisa Frick

Mutig denken

Aufklärung als offener Prozess

Reclam

Sonderausgabe von Reclams Universal-Bibliothek Nr. 19683

2020 Philipp Reclam jun. Verlag GmbH,
Siemensstraße 32, 71254 Ditzingen

Umschlaggestaltung: Cornelia Feyll, Friedrich Forssman
Druck und Bindung: GGP Media GmbH,
Karl-Marx-Straße 24, 07381 Pößneck
Printed in Germany 2020
RECLAM ist eine eingetragene Marke
der Philipp Reclam jun. GmbH & Co. KG, Stuttgart
ISBN 978-3-15-011298-4

Auch als E-Book erhältlich

www.reclam.de

MIX
Papier aus verantwortungsvollen Quellen
FSC® C014496
FSC
www.fsc.org

Inhalt

Vorbemerkung

Dies ist ein Buch, das ich schon lange schreiben wollte – und das ich nun in einer Forschungsauszeit schreiben konnte. Die Ideen und Textquellen sammelte ich in Bibliotheken, auf Strandspaziergängen, in Gesprächen und auf Roadtrips. Es war ein anderes Leben, ja eine andere Welt. Werden wir jemals zurückkehren in jenes Zeitalter vor dem Zusammenbruch globaler Mobilität und relativen Wohlstands in weiten Teilen dieser Welt? In unbefangene Begegnungen in öffentlichen Räumen? Werden wir wissen, in welchem Ausmaß wir es im Zusammenhang mit Covid-19 mit einer Naturkatastrophe oder (auch) einer »Kulturkatastrophe« zu tun hatten? Wie lange wird diese Krise währen?

Niemand kann das heute sagen. Die Beschäftigung mit dem Denken der Aufklärung kann in diesem Zusammenhang eine Anregung sein, viele der brennendsten Probleme wenigstens besser verstehen zu versuchen. Sie kann auch trösten, indem sie uns verbindet mit Menschen, die in ihrer Zeit mit unvorstellbaren Schrecken, Umwälzungen und Erneuerungen zu Rande kommen mussten. Die sich nicht teilnahmslos dem Schicksal überantworten wollten, sondern sich als zum Handeln und Selbstdenken Verurteilte verstanden haben. Die Aufklärung mag für viele ein fernes Land sein. Vielleicht kann dieses Buch sie überzeugen: Die Aufklärung liegt um die Ecke. Sie ist kein Museum, sondern ein weites und einladendes Feld, das es mutig zu beackern gilt. Jäten wir es, düngen wir es! Und finden wir Ruhe im Schatten seiner mächtigen Bäume.

I. Einführung: Was war Aufklärung?

Als Epochenbegriff bezeichnet Aufklärung einen bestimmten Abschnitt der (meist westlichen) Kulturgeschichte, der sich durch Änderungen der Selbst- und Weltbilder des (meist westlichen) Menschen und aus ihnen hervorgehende soziale Veränderungen auszeichnet. Diese Veränderungen verstehen wir gerne als entscheidende Fortschritte – weg vom *Dunkel*, näher zum *Licht*. Schwieriger wird es dann festzulegen, wann ein solcher Zeitabschnitt beginnt und gegebenenfalls, wann er endet, was als entscheidende soziale Transformationen gelten können, wie diese zu bewerten sind – segensreich, ambivalent oder nachteilig –, welche Faktoren Aufklärung befördern und ob es sich um zufällige bzw. kontingente oder geschichtlich notwendige Prozesse handelt. Die Beantwortung dieser Fragen in Summe stellt wiederum die Weichen dafür, mögliche weitere Epochen der Aufklärung in der Weltgeschichte auszumachen.

Sprechen wir von »der Aufklärung«, meinen wir also eine Epoche des neuzeitlichen Europas und Nordamerikas (seltener Russlands oder auch Lateinamerikas), die häufig als »Zeitalter der Vernunft« bezeichnet wird. Manche identifizieren dieses Zeitalter mit dem ›langen‹ 18. Jahrhundert, andere wiederum legen seinen Beginn bereits mit der Renaissance fest, die an antike (»heidnische«) Denkströmungen anknüpfte und diese weiterentwickelte. Die meisten halten diese Epoche für vergangen, manche aber denken, sie dauere noch immer an. In ihr, so erzählen ihre Verehrer*innen, habe sich das rationale Denken Bahn gebrochen, sei der Mensch befreit und die Religion zurückgedrängt, seien die Fundamente von Demokratie und Menschenrechten gelegt worden. Kritiker*innen der Aufklärung wenden ein: Im Zeitalter der Aufklärung wurde rationales Denken überschätzt oder zu gefährlichen Spitzen getrieben. So manche Befreiung habe auch die Bahn zu neuer Unterdrückung geebnet, alte Religionen wurden durch neue ersetzt und Rechte nur unter Ausschluss weiter Teile der (Welt-)Bevölkerung gewährt. Radikale Kritiker*innen der Aufklärung erblicken in ihr gar einen üblen (Selbst-)Zerstörungsprozess der Moderne.[1]

Die Geschichte selbst, als Ablauf von Ereignissen, kennt keine Epochen. Diese sind ihr künstlich übergestülpte Einteilungen des Menschen, mit anderen Worten: Konstruktionen. Sie legen nahe, dass bestimmte Ereignisse gleichförmig verlaufen seien (Aufklärung als »Projekt«) und dabei klare Grenzziehungen bzw. klare Demarkationen errichtet wurden (Moderne vs. Mittelalter).

Auch das Zeitalter der Aufklärung stellt eine solche Konstruktion dar. Das bedeutet jedoch nicht, dass es falsch wäre, von solch einem Zeitalter zu sprechen oder gar davon auszugehen, dass es ein solches Zeitalter nie gegeben hätte. Vielmehr verweist diese Feststellung auf die Deutungs- und Auswahlkomponente *jeder* Theorie der Geschichte. Die entscheidende Frage ist: Was nehmen wir genau in den Blick, wenn wir von der Aufklärung sprechen? Und was blenden wir aus?

Deutung des Undeutlichen

Betrachten wir ein paar gängige Charakterisierungen dieses Zeitalters der Aufklärung: Wer Aufklärung etwa als Zeitalter der Vernunft fasst, sieht sich schnell mit der Frage konfrontiert, was von jenen Strömungen dieser Zeit zu halten ist, die Gefühle und Triebe bzw. Leidenschaften über oder zumindest auf dieselbe Höhe der Vernunft stellen. Gerade in der Ethik, aber auch in der politischen Philosophie der frühen Neuzeit begegnen uns Vorstellungen, die das Bild einer kühlen, rationalen Aufklärung aber gerade unterlaufen. So sprach der englische Philosoph und Aufklärer David Hume der Vernunft ab, uns zu moralischen Handlungen motivieren zu können, und betonte stattdessen die entscheidende Rolle von Leidenschaften (*passions*). Auch Thomas Hobbes' einflussreiche Staatstheorie rechnet nicht allein mit dem Menschen als Vernunftwesen, sondern stellt die Todesangst an den Beginn einer mechanistischen Anthropologie. Kurz: Vernunft und Gefühl, *beide* sind sie Stimmungen der Aufklärung.

Dass die Aufklärung von antireligiösen Einstellungen getragen war, ist eine weitere unscharfe Einschätzung. Ohne auf regionale Kontexte einzugehen und die konfessionelle Pluralisierung der frühen Neuzeit auszuleuchten, entgeht allzu leicht, dass zwar unterschiedliche Formen von Religion aus jeweils unterschiedlichen Richtungen kritisiert wurden, Vernunft und religiöser Glaube aber lediglich von einer verschwindend kleinen Minderheit als miteinander grundsätzlich unvereinbar angesehen wurden. Zwar hat die Aufklärungsphilosophie mit ihrer insgesamt durchdringenden Tendenz, die irdische Existenz des Menschen aufzuwerten, zu einer »Expansion der Säkularität« geführt,[2] wie dies die Wissenschaftshistorikerin Margaret Jacob nennt. Doch versuchte ›die‹ Aufklärung gar nicht, Vernunft an die Stelle von Religion zu setzen. Vielmehr zeichnet sie das Ringen um die Frage aus, was vernünftigen Glauben ausmacht.

Die bedeutende Rolle religiöser Ansätze und Narrative für die Praxis der Aufklärung zeigt auch ein Blick auf wichtige soziale und politische Bewegungen der frühen Neuzeit: Die englischen »Levellers« etwa haben die Vision einer universalen (auch sozialen) Gleichheit der Menschen mit radikalchristlichen Ideen verbunden. Und die Bemühungen zur Abschaffung des transatlantischen Sklavenhandels wurden maßgeblich von der Religious Society of Friends (den »Quäkern«) und den Methodisten getragen. Religiöse Überzeugungen sind also ebenso Teil der Aufklärung wie deutlich ausgesprochene oder verschleierte Atheismen und beißender Spott über religiöse Lebensformen.

Oft wird die Aufklärung auch als die Blüte des Universalismus beschrieben: Allgemeingültige Prinzipien und Regeln wurden aufgestellt, alle Menschen in den Blick genommen, oder kritischer formuliert: Westliche Ideen wurden der gesamten Menschheit übergestülpt. Auch hier lässt uns ein differenzierter Blick etwas ratlos zurück. Wie konnte ein Werk, das die Gültigkeit von Gesetzen auf klimatische Bedingungen hin relativiert und die Wahl der Regierungsform von der Bevölkerungsgröße abhängig macht, im universalistischen Aufklärungszeitalter jemals so einflussreich werden, wie Charles de Montesquieus *De l'esprit des loix* (*Vom Geist der Gesetze*, 1748)? Wie erklären wir, dass sich unter dem Einfluss leitender Staatstheorien im Zuge der Aufklärung abschottende Identitäten des Nationalen herauszubilden begannen? Ganz zu schweigen von Durchbrechungen des angeblich so charakteristischen Universalismus der Aufklärung in Form von Rassenhierarchien und Geschlechterdifferenzen, die oft scheinbar unversöhnt neben Bekenntnissen zu Gleichheit aufscheinen: Die amerikanische Unabhängigkeitserklärung beginnt mit dem Satz: »All men are created equal.« Einschluss und Ausschluss, das Allgemeine und das Besondere: Die Aufklärung atmet *beides*.

In diesem Zusammenhang wird manchmal behauptet, die Aufklärung sei ein wesenhaft kolonialistisches Projekt und setze das rationale, europäische Denken dem »unzivilisierten« Wesen anderer Völker entgegen. In dieser pauschalen Form ist diese These jedoch ebenso wenig haltbar. Wer sie vertritt, muss ausblenden, wie Literaten und Denker der Aufklärung über die Bande des Kulturvergleichs ihre eigene Gesellschaft kritisieren – gerade auch in ihren kolonialen Verstrickungen und ›nationalen Sünden‹. Man denke nur an den Erzaufklärer Denis Diderot und seine Kritik an der leibfeindlichen, künstlichen, verdorbenen Lebensform des christlichen Europäers in seinem

Supplément au voyage de Bougainville (*Nachtrag zu »Bougainvilles Reise«*, 1772), in welcher der Europäer zum »Vergifter der Völker« gestempelt wird.[3] Auch übersieht so ein Vorwurf die neugierige Aufgeschlossenheit vieler gegenüber außereuropäischen Kulturen und Religionen, wie sie sich in zahlreichen Klassikern des aufklärerischen Denkens andeuten. Darunter fallen etwa die dem Konfuzianismus Anerkennung zollende *Rede über die praktische Philosophie der Chinesen* (1721) des Philosophen und Logikers Christian Wolff oder auch die Chinastudien von François Quesnay. Sich durch die Augen der anderen zu sehen, sich in der Auseinandersetzung mit dem Fremden selbst besser zu verstehen, macht die Faszination von Verkaufsschlagern wie den *Lettres Persanes* (*Persische Briefe*, 1721) von Montesquieu oder auch Georg Forsters *A Voyage round the World* (*Reise um die Welt*, 1778) aus. Und doch haben jene Recht, die – ohne in die Falle einer pauschalen moralischen Verurteilung ›der Aufklärung‹ zu tappen – darauf hinweisen, wie widersprüchlich gerade ihre menschenfreundlichsten Köpfe manchmal waren. Humanistische Rassisten: Der Aufklärung sind sie keineswegs fremd.

Diese Schlaglichter sollten genügen, um zu unterstreichen, dass es sich bei der Aufklärung um kein homogenes Projekt und kein widerspruchsfreies Programm, sondern um ein komplexes Ineinandergreifen vielfältigster Vorstellungen und Praktiken handelt. Die Aufklärung kann also nicht als ›Große Erzählung‹ nacherzählt werden, ohne dabei auch diese Vielstimmigkeit und Uneindeutigkeiten ans Licht zu ziehen. Am nächsten kommt man der Aufklärung, wenn man sie als Mosaik vieler kleiner Geschichten vorstellt, um deren eigentlichen Gehalt und Moral man immer wieder aufs Neue ringen darf und auch soll. Es sind dies, wenn man so will, Geschichten davon, was konkrete Menschen getan und gedacht haben, was sie erschaffen haben an Bildern der Welt und niedergerissen, mit und gegen was sie gekämpft, was sie erstrebt und erreicht haben und woran sie gescheitert sind.

Gibt es etwas, das diese Geschichten verbindet und uns trotz dieser Uneindeutigkeit noch erlaubt, von *der* Aufklärung zu sprechen? Ein möglicher Anknüpfungspunkt liegt in der krisenhaften existentiellen Verfassung des Menschen im Aufklärungszeitalter und die aus ihr sich speisenden und auf sie rückwirkenden Ideen und Praktiken.

Der Humus der Krise

Warum, so fragt man zu selten, wurde in dieser Zeit so vieles neu gedacht, so vieles umgestoßen, ja: so besessen reformiert? Es lag nicht allein an der Herausbildung des Bewusstseins für einen offenen Zeithorizont, das entstehen konnte, sobald die Weltgeschichte aus dem »Mittelalter« zwischen Geburt Jesu und seiner Wiederkehr befreit wurde. Mit diesem Bewusstsein wurde *Fortschritt* denkbar, doch wurde er so noch nicht zu einem Imperativ.

Spätestens seit dem Beginn der Reformation, aber auch der Rezeption antiker skeptischer Philosophie und der Auseinandersetzung mit anderen Kulturen, gärt im frühneuzeitlichen Europa *eine um sich greifende Krise der Legitimation.* Diese erstreckte sich nach und nach auf nahezu alle Bereiche bestehender Denk- und Handlungsordnungen. In den damaligen Wissenschaften tritt sie als Krise von denkerischer, epistemischer Autorität in Erscheinung, allen voran der Autorität der an Aristoteles orientierten Systemphilosophie der mittelalterlichen, karikaturhaft als absolut weltfremd verstandenen Scholastik: Für sie war Aristoteles die unhinterfragbare Autorität, war er »der« Philosoph, wie man ihn hochachtungsvoll nannte. Was brauchte man da noch mehr?

Ein Paradigmenwechsel hin zu einer induktiven, von Einzelfällen ausgehenden, erfahrungsbasierten und erfahrungsgesättigten Logik der Naturwissenschaften kündigte sich spätestens Ende des 15. Jahrhunderts an, beispielhaft etwa in den Erfolgen von Ingenieuren wie Leonardo da Vinci. Die Wiederentdeckung antiken Denkens hatte die Erschütterung bisher als unumstößlich angesehener Lehrsätze und ableitender bzw. deduktiv(-religiös)er Legitimationsweisen von Wissen zur Folge. Zu nennen sind die auf sinnliche Erfahrbarkeit einer materialistisch gedachten Welt pochenden Schriften Lukrez' und Epikurs. Auch die Integration wissenschaftlicher Vorleistungen arabischer und persischer Gelehrter, etwa von Ibn Ruschd und Ibn Tufail, war von Bedeutung.

Mit der Reformation, die ihren Erfolg unter anderem auch dem neu entwickelten Buchdruck verdankt, wird auch die Begründung von Herrschaft krisenhaft zum Thema. Regenten »von Gottes Gnaden« werden unweigerlich zu Usurpatoren in den Augen jener Untertanen, die andere Auffassungen vom wahren Gottesdienst und der richtigen Auslegung der Schrift haben – und dies umso mehr, wenn sie von den zur »Verteidigung des rechten Glaubens« bestimmten Fürsten wegen ihrer Überzeugungen verfolgt werden. Mit dem Verlust der konfessionellen Homogenität in konfessionell gefassten Staatsgebilden wird der Andersgläubige nahezu zwangsläufig zum illoyalen Bürger. Seine Verfolgung macht die Prophezeiung selbsterfüllend: Er wird zum Staatsfeind, wenn er Ungehorsam gegen seinen Oberherrn mit Verweis auf die höherrangige Autorität des Papstes (wie etwa die Katholiken in England) oder die Widerstandstheorie Calvins (wie etwa »Hugenotten« in Frankreich) rechtfertigt.

Die Herausbildung konfessionell zersplitterter Fürstentümer verlieh theoretischen Rechtfertigungen von Herrschaft eine völlig neue Brisanz. Warum sollte überhaupt jemand über andere herrschen? Politische Utopien, die der Frage nachgehen, wie alles ganz anders sein könnte, und politische Traktate, die wie Geschütze vor oder gegen konkrete Regierungen positioniert werden, sind Ausdruck dieses Ringens, das schließlich folgenschwer in politischen Umstürzen zu Tage tritt. Die öffentliche Hinrichtung einer Majestät als »Feind des Volkes« (England 1649) oder als

»Hochverräter« (Frankreich 1793) war ähnlich wie der Unabhängigkeitskrieg nordamerikanischer Kolonien nur deshalb möglich geworden, weil ein *Denken in Alternativen* lange geradezu als unverletzbar und heilig angesehene Schranken grundsätzlich hinterfragt und allein durch diese Infragestellung schon schwer beschädigt hat. Ein Untertan, der sich gegen die Obrigkeit erhebt, stellt die »natürliche Ordnung« auf den Kopf – das heißt eine Ordnung, der in vormodernen Gesellschaften die größte, ja ängstlichste Sorge galt. Die Krise der Herrschaftslegitimation erfasst in der frühen Neuzeit die *Chain of Being* des Sozialen und es wird mehr als ein Schmied versuchen, ihre Glieder neu anzuordnen – unter den Zurufen anderer, die es vorziehen, sie ganz zerbrochen zu sehen.

Nicht nur in ihrer politischen Dimension – in welcher Art politischer Gemeinschaft sollen Christen unterschiedlicher Konfession leben? – wurde Religion in der frühen Neuzeit von Legitimationsschwierigkeiten erfasst. Zwar waren derartige Herausforderungen nicht ganz neu, hatte doch bereits die Frage, was denn die wahre Religion sei, und die Auseinandersetzung mit häretischen Bewegungen sowie Juden und Muslimen mittelalterliche theologische Diskurse geprägt. Solange aber die Verlässlichkeit der Offenbarung als solche innerhalb der eigenen Kultur nicht in Zweifel gezogen wurde, war die Herausforderung noch nicht existentiell: Sie war eine Konfrontation zwischen einem klar identifizierbaren Anderen und einem selbstgewissen Ich. Mindestens zwei Entwicklungen führten nun aber im 17. Jahrhundert dazu, dass die christliche Wahrheit als *Offenbarungswahrheit* – trotz vehementer Repressionen – unter Druck geriet.

Zum einen geschah dies durch Zweifel an der Singularität und Verlässlichkeit der Offenbarung, wie sie auch durch wachsende außereuropäische Kulturkontakte genährt wurden. Das anwachsende Wissen um alternative Gesellschafts- und Kulturformen im Zuge der Globalisierung der europäischen Zivilisation warf neue Fragen auf: Wenn wir nicht die einzigen Völker sind, wer sind dann diese anderen (eine Frage, die sich heute im Zusammenhang mit der Suche nach außerirdischer Intelligenz wieder neu stellen könnte)? Stammen diese Geschöpfe von Adam ab, wie wir, oder sind sie eine andere Art Mensch? Wie sind sie entstanden? Wie können wir sicher sein, dass unsere Sitten die besseren sind, wo andere Gesellschaften doch dasselbe von ihren behaupten? Die das größte Verunsicherungspotential aufweisende Frage aber lautete: Wieso haben nur wir Gottes Offenbarung erhalten? Oder ist die Bibel vielleicht gar nicht die einzige oder einzig maßgebliche Mitteilung Gottes? Versuche, historisch-kritische Perspektiven auf die Bibel zu richten, führten bei einflussreichen Gelehrten zur Überzeugung, dass die Widersprüche, Zeitabstände und unklare Autorenschaft biblischer Texte es nicht erlauben, in der Bibel eine universal gültige, in allem verlässliche Botschaft einer Gottheit zu erblicken. Damit löste sich die Verankerung der christlichen und jüdischen Heilsgeschichte.

Die ideellen und materiellen Schöpfungen des Aufklärungszeitalters sind in weiten Teilen verstehbar als Versuche, auf diesem durch Krisenerschütterungen zerklüfteten Terrain Fundamente zu legen. Das Ringen mit der Herausforderung des antiken skeptischen Pyrrhonismus veranlasste René Descartes zu seinem *Cogito ergo sum* – dem radikalen Versuch, inmitten eines Ozeans an Ungewissheiten das zu entdecken, das niemals fraglich sein würde. Seine Philosophie wurde damit zu einer Wegbereiterin des modernen Individualismus: Nur das eigene Bewusstsein kann Markstein echter Gewissheit sein. Auch in religiöser Hinsicht ist der auf die unhintergehbare Autorität des *Gewissens* gegründete Individualismus ein Krisenprodukt, das sich den schier endlosen konfessionellen Konflikten der frühen Neuzeit verdankt. Nur der Einzelne, so ein zentrales Argument John Lockes Toleranzbriefes, ist befugt, die für ihn so folgenschwere Entscheidung zu treffen, in welchen Glauben er sein Heil setzt. In den Reaktionen auf die Destabilisierung politischer Legitimitätstheorien, allen voran mittels der Lehre vom Gesellschaftsvertrag, wird dieser Individualismus neuartige Ansprüche zu begründen helfen: die »natürlichen Rechte« des Menschen. Die Vorstellung, dass es jenseits des gesetzten Rechts und unabhängig von kontingenten politischen Verhältnissen ein natürliches Recht gibt, eine *echte*, natürliche Ordnung, ist dabei sowohl Kritik am Bestehenden als auch Rückversicherung, dass ungeachtet aller Wechselfälle immer noch irgendwo Orientierung sich anbietet. – Man muss diesen Orientierungspunkt nur *erhellen*.

In »der Natur« bzw. im Naturrecht lässt sich ferner eine universale Moral verankern, die auch jene bindet, die ihre Gebote und Pflichten nicht aus der christlichen Offenbarung beziehen, was für die Formulierung erster *trans-religiöser* Regeln etwa des Krieges und der internationalen Beziehungen entscheidende Anregung liefert. Der Weg zu einer nicht-religiös fundierten Ethik ist damit beschritten.

Aufklärung im Plural: neue Probleme

Die Theorien der Toleranz und in weiterer Folge der weltlichen Endziele des Staates als Reaktion auf die Krise multikonfessioneller politischer Gemeinschaften, die Idee eines starken Staates als Reaktion auf die religiösen Bürgerkriege, Grundrechte als Reaktion auf die Krise absoluter Herrschaft: Diese und viele weitere Beispiele unterstreichen die Sichtweise auf Aufklärung als eine reaktive Bewegung und als Abwehr von krisenhaften Erschütterungen, die in Summe in Frage stellen, was der Mensch kann und ist, was er soll, wem er gehört und was er darf.

Nicht nur bilden sich in der Aufklärung rivalisierende Bewältigungen der multiplen Legitimationskrise heraus, es entstehen auch neuartige, ja verzwickte Problemfelder. Ein Beispiel dafür ist der Konflikt um die Zuerkennung gleicher Rechte. Alle Menschen mögen in *metaphysischer* Sicht auf irgendeine Weise gleich sein – als Gotteskinder, vernunftbegabte, zu Höherem berufene Wesen –, aber wie gleich sind sie als konkrete *physische* Wesen – als Mann und Frau, als Schwarze und Weiße – und insbesondere als konkrete (aspirierende) politische Subjekte – als christliche und jüdische Preußen, als katholische und anglikanische Engländer, als ökonomisch Unabhängige und ökonomisch Abhängige? Ein anderes Beispiel ist die Frage religiöser Toleranz, die durch die Säkularisierung des Staates mehrdimensional zu werden beginnt: Wenn Toleranz nicht mehr allein von den Fürsten eingefordert werden muss, sondern von den gegeneinander unduldsamen Bürger*innen, wo muss deren eigene Religionsfreiheit dann ihre Grenzen finden?

Es ist daher nicht verwunderlich, dass sich im fortgeschrittenen 18. Jahrhundert die revolutionäre Prämisse, wonach die Souveränität beim Volk liegt, zunehmend mit Anfragen konfrontiert sieht, wer denn nun aber zum Volk gehört und mit welchen Gründen man etwa die weibliche Hälfte der Menschheit vom Bürgerstatus auszuschließen sich erlaubt? Oder im Fall revolutionär errichteter oder umgestalteter politischer Gemeinwesen, welche Verfassungsordnung nun die beste wäre: eine zentralistische oder föderale (Vereinigte Staaten von Amerika), eine konstitutionell-monarchische oder republikanische (Frankreich und England)? Neuartige Probleme stellten sich auch für das Strafrechtssystem, sobald als Auftrag des Staates der Schutz der natürlichen Rechte des Menschen bestimmt wird: Wie kann Strafe gerechtfertigt werden, ohne diese Rechte zu missachten? Verwirkt der Verbrecher seine Rechte, weil er immer schon einwilligt in die für seine Tat vorgeschriebene Strafe, wenn er den »Gesellschaftsvertrag« schließt? Oder behält er seine Rechte in Teilen und falls ja, in welchen?

Und wir?

In diesem Sinne wird die Krise als Nährboden der Aufklärung nicht nur zu einer umfassenden, weite Bereiche des Lebens erfassenden, sondern auch zu einer sich selbst fortpflanzenden Krise. Die Kritik, also das Unterscheiden, Prüfen, Entgegnen, lässt sich schwer wieder einhegen, sobald in relevanten Öffentlichkeiten – von den Salons über die Universitäten bis zu periodischen Zeitschriften – sich eigene *Kulturen der Kritik* einrichten. Was als Antwort auf die Erfahrungen interpretiert werden kann, dass fast nichts mehr selbstverständlich ist, kann sich ebenfalls nicht von selbst verstehen. Heute sieht man: Wenn wir etwas von der Aufklärung geerbt haben, dann sind es immer auch *Probleme*, also hier: Fragen, die sich nicht mehr zurücknehmen lassen und die keiner alternativlosen Beantwortung mehr zugänglich sind. Die Akteure der Aufklärung waren keine verschworene Kampfgemeinschaft, sondern in vielem uneins. Auch gingen sie nicht arbeitsteilig an einem gemeinsamen Projekt vor, sondern verfolgten mitunter einander ausschließende

Anliegen und konkurrierten um Ansehen und Einfluss. Das Zeitalter der Aufklärung bleibt in dieser Hinsicht undeutlich und eignet sich kaum als autoritative Pauschalreferenz für heutige politische Argumente, ohne dass genau ausgeführt würde, woran genau man sich orientieren soll und vor allem: warum.

Eine zusätzliche Erschwernis für uns Nachgeborene, die Aufklärung als unvermittelt relevant für zeitgenössische Debatten anzusehen, besteht schlicht darin, dass die kulturellen Bedingungen heute in relevanten Hinsichten andere oder verschärft sind. Enzyklopädien werden nicht mehr in jahrelanger Zusammenstellung von Leitintellektuellen erstellt, sondern in nahezu Echtzeit von losen, anonymen Kollektiven erarbeitet. Nachschlagewerke umfassen auch nicht mehr achtundzwanzig Bände, sondern Informationen in allen erdenklichen Sprachen, die man mit dem besten Willen in zehn Leben nicht studieren könnte. Europäer benötigen heute auch nicht sechs Monate nach Australien, sondern dank moderner Luftfahrt nur einen Tag. Wir haben bis auf die Tiefsee nahezu jeden Winkel dieses Planeten erkundet und uns ins benachbarte Weltall hin ausgestreckt. Wir leben nicht mehr in einer weitgehend dünnbesiedelten Welt mit einer Milliarde Menschen, sondern in der ›vollen Welt‹ und das bedeutet auch: in einer unumkehrbar *menschlich markierten* (gerodeten, verschmutzten, an tierischen und pflanzlichen Arten ärmer werdenden) Welt. Wir leben, und bald zu großer Mehrheit, in Städten, die die Metropolen des Aufklärungszeitalters aussehen lassen wie Dörfer. Die damals größte Stadt der Vereinigten Staaten von Amerika, Philadelphia, hatte Ende des 18. Jahrhunderts nicht mehr als 50 000 Einwohner. Jeder, der damals gelebt hat, würde durch eine Megacity wie Shanghai oder São Paolo mit ihren über zwanzig bzw. zwölf Millionen Einwohnern irren wie durch eine (Alb-)Traumwelt. Wir haben neue Theorien über die Natur, ihre Elementarteilchen und -kräfte sowie ihre sozial-biologische Evolution und mühen uns gehörig ab, sie alle zusammenzudenken. Und die Datenmengen, die wir jede Stunde produzieren, nicht zuletzt dadurch, dass wir mit ihnen soziale Netzwerkdienste bezahlen, hätte Pioniere der statistikbasierten Staatsverwaltung wie Gottfried Achenwall und Nicolas de Condorcet vermutlich um den Verstand gebracht. Nicht die immer wieder angeführte Scheidelinie zwischen Moderne und Postmoderne trennt uns von den Aufklärer*innen. Das »post« der fortgeschrittenen Moderne ist besser zu verstehen als ein Schwinden der Euphorie, die viele, bei weitem nicht alle, Akteure der Aufklärung angesichts des offenen Horizonts menschlicher Freiheit empfunden haben. Der Mensch der fortgeschrittenen Moderne steht nicht mehr am Ufer eines verlockend weiten Meeres, sondern er ist, um eine Metapher Friedrich Nietzsches zu bemühen, bereits auf hoher See – und bange.[4] Es fällt ihm schwer, sich nicht zurückzusehnen nach den scheinbaren Gewissheiten alter Ordnungen, und er erträgt seine Freiheit auch deshalb manchmal so schlecht, weil ihre

Uneindeutigkeit und ihre Ambivalenz sich inzwischen zu oft erwiesen hat.

Dem Wissen und der systematischen Suche danach wohnt, anders als viele im Zeitalter der Aufklärung erhofften, keine inhärente Tendenz zur Weltverbesserung inne, sondern es entscheiden konkrete soziale, politische Rahmungen, in welche Richtung das doppelschneidige Schwert des menschlichen Geistes sich senkt. Auch politisch sind wir heute ›aufgeklärter‹: In der demokratischen Prämisse der Volkssouveränität steckt immer schon der Stachel des ›demokratischen Totalitarismus‹, wie uns spätestens seit den Auswüchsen der Französischen Revolution bewusst sein muss. Von Nation, Nationalstaat zu aggressiven Formen des Nationalismus führt nicht notwendigerweise ein direkter Weg, jedoch eben ein möglicher, den wir angesichts des bis heute vorliegenden Anschauungsmaterials von Ausrottungsgewalt nicht ignorieren können. Und schließlich weiß der Mensch des Atomzeitalters, dass er selbst ›Herr der Apokalypse‹ ist.

Was immer man meint, das Akteure der Aufklärung uns zu sagen haben – man wird es auswählen und ausdeuten und gerade auch an den Hintergründen fortgeschritten-moderner Bedingungen wie Schattenbilder beweglich halten müssen.

In den folgenden Abschnitten versuche ich die Bedeutung von Ideen der Aufklärung für gegenwärtige gesellschaftliche Herausforderungen und politische Debatten herauszuschürfen. Dabei werden diese Ideen vorrangig systematisch analysiert, aber auch in konkrete ideengeschichtliche Kontexte eingebettet. Einzelne historische Momente und Akteure werden unter Scheinwerferlicht betrachtet, um Aufklärung zu konkretisieren und zu vermenschlichen. Eine solche Konkretisierung und Vermenschlichung ist wichtig, weil wir über etwas sprechen, das einmal lebendig war – in Schicksalen, Freund- und Feindschaften, in Landschaften und Kulturen – und weil wir Aufklärung nie als erstarrte Abstraktion wirklich befriedigend begreifen, sondern lediglich beschwören können. Eine solche Abstraktion kann man auch nicht ernsthaft, also fundiert und fair, kritisieren. Denn erst dann, wenn wir Akteure der Aufklärung, bekannte wie randständige, als Menschen sehen, die als Kinder ihrer Zeit die Probleme ihrer Zeit mit den Mitteln ihrer Zeit zu lösen versuchten, werden wir vorsichtiger sein, sie mit Maßstäben unserer Zeit zu messen.

Denn auch wenn sie diesen Maßstäben nicht in allem genügen und wir glauben, heute noch aufgeklärter zu sein, noch fortschrittlicher: Denker*innen der Aufklärung haben uns, so die These dieses Buches, viel zu sagen. In der »Energie ihres Denkens« liegt, wie Ernst Cassirer es formuliert, der bleibende Wert der Aufklärungsphilosophie.[5] Wir können diese Energie nutzbar machen und müssen doch jeweils für uns selbst herausfinden, wie und wozu:

– Wenn wir glauben, den Höhepunkt der Aufklärung überschritten zu haben und dunklen Zeiten zugehen, oder auch, wenn wir im Gegenteil davon ausgehen, dass alles immer besser wird.

– Wenn wir fragen, was der Mensch für ein komisches, so widersprüchliches, bewundernswertes und zugleich armseliges Wesen ist, oder wenn wir uns fragen, ob das, was für einen richtig ist, auch für alle anderen gelten soll.
– Wenn wir glauben, dass Gott zu den Menschen spricht, oder wenn wir diesen Glauben für monströs halten.
– Wenn wir streiten, wer das ›wahre‹ Volk ist, und über die Gefahren oder Verdienste von Nationalismus.
– Wenn wir uneins sind über die Zulässigkeit der Anwendung von Gewalt gegen Unterdrückung oder darüber, was ein gerechtes Strafrecht ausmacht.
– Wenn wir Menschenwürde oder Freiheit ausbuchstabieren und Menschenrechte abwägen.
– Wenn wir Grenzen der Toleranz hochziehen und uns fragen, ob sie an der richtigen Stelle stehen.
– Wenn wir die instrumentelle Rolle der Frau für den Mann in patriarchalen Strukturen kritisieren.
– Wenn wir die Integrationsfähigkeit von religiösen Minderheiten innerhalb säkularer Staaten bezweifeln.
– Wenn wir die Dysfunktionalität der UNO beklagen und fragen, ob es jemals überall auf der Welt Frieden geben kann.

Für solches Nachdenken soll dieses Buch Inspiration liefern.

II. Selbst denken

Es ist eindeutig keine Fanpost, die der jüdisch-stämmige Gelehrte Baruch de Spinoza an einem Tag im Jahr 1675, zwei Jahre vor seinem Tod, in Den Haag erhält. Sein ehemaliger Schüler Albert Burgh, inzwischen in Italien zum Katholizismus konvertiert, geht hart mit Spinoza ins Gericht: Dieser sei ein »niedriger Erdenwurm« und verbreite »abscheuliche Ketzerei«. Er solle sich bekehren und seinen »wahnsinnigen Hochmuth« ablegen:[6]

> Halten Sie sich denn für grösser als Alle, die je im Staat und in der Kirche Gottes sich erhoben haben? Grösser als die Patriarchen, Propheten, Apostel, Märtyrer, Lehrer, Bekenner, Jungfrauen und die unzähligen Heiligen, ja gotteslästerlicher Weise grösser, als selbst unser Herr Jesu Christus?

Immerhin, es waren nur Worte. Schon in jungen Jahren entkam der Sohn sephardischer Immigranten einem Attentat – man versuchte, ihn beim Spazierengehen zu erdolchen. Doch auch Worte können ein Leben fast zerstören. Das zeigt der Bannspruch (*Cherem*), den die portugiesisch-jüdische Gemeinde in Amsterdam 1656 über Spinoza verhängte und der es untersagte, Umgang mit ihm zu haben oder ihn gar zu unterstützen. Doch blieb er standhaft. Seinem wütenden Schüler antwortete er schlicht: »Werfen Sie diesen verderblichen Aberglauben weg und erkennen Sie die Vernunft an, die Gott Ihnen gegeben hat […]«.

Was aber hatte Spinoza getan, um solch Verärgerung, ja: Hass auf sich zu ziehen? Was war es, das andere, die mit ihm auch nur ideell in Verbindung gebracht wurden, vor der Verachtung und Rache ihrer Mitmenschen zittern ließ? Der Oberrabbiner der heutigen portugiesisch-israelitischen Gemeinde in Amsterdam, Pinchas Toledano, begründet die Weigerung, wenigstens nachträglich den Bannfluch über Spinoza aufzuheben, damit, dass er »die Fundamente unserer Religion« zerrissen habe.[7]

Gefährliches Selbstdenken

Bis heute ist nicht restlos geklärt, was zum Ausschluss Spinozas aus der jüdischen Gemeinde geführt hatte. Zeitgleiche Ausschlüsse zweier weiterer Männer, die mit Zweifeln an der Authentizität der Thora aufgefallen waren, lassen vermuten, dass Spinoza ebenfalls zu jenen zählte, die Misstrauen in die heiligen Texte verbreiteten. Ein solcher »Ketzer« war der französische Bibelkritiker Isaac de La Peyrère, dessen Schrift *Prae-Adamitae* 1655 in Amsterdam erschienen war – und ihn ins Gefängnis brachte. Darin äußert La Peyrère Zweifel an der Schöpfungsgeschichte und behauptet, es habe bereits vor Adam Menschen gegeben, die Prä-Adamiten. Mit wem hätten sich sonst Adams und Evas Kinder fortgepflanzt? Somit hätte es nicht *eine*

Erschaffung des Menschen geben, sondern (mindestens) zwei: Die Erschaffung der Heiden und jene der Kinder Adams. Diese Lehre war später in den rassentheoretischen Debatten der Aufklärung einflussreich und stärkte die Position der Polygenisten, die im Unterschied zu den Monogenisten eben keine Einheit des Menschengeschlechts durch Abstammung annahmen, sondern von mehreren ›Menschheiten‹ ausgingen. Im Kontext der Religionsphilosophie entstanden, entsprach diese Lehre einem fundamentalen Angriff auf den Glauben. Angenommen, dass die heiligen Texte den Ursprung der Menschen falsch erzählen: Worin irren sie denn dann noch? Und wie kann angesichts der Vielfalt der Menschheiten das Judentum eine Sonderrolle beanspruchen, das Christentum umgekehrt seine Universalität? Beide, so legen es die ›Prä-Adamiten‹ nahe, sind partikularer als gedacht.

Als Spinoza 1670 seinen *Theologisch-politischen Traktat* veröffentlicht, freilich anonym, wird er die historisch-kritische Bibellektüre zum Hauptwerkzeug seiner Religionskritik machen. Sie bahnte den Weg zu einem Gottesbild, das nichts mehr gemein hat mit dem jüdisch-christlichen persönlichen Ein-Gott und zudem den Grund für Konzepte wie Religionsfreiheit und Säkularität legt. Er wird damit zu einem philosophischen Gründervater der Aufklärung ersten Ranges. In seiner theologisch-politischen Abhandlung erklärt Spinoza unter anderem, die Heilige Schrift könne unmöglich für heute lebende Menschen verbindlich sein, denn ihre Adressaten seien ›primitive

Wüstennomaden‹ gewesen. Wer immer die Texte des Alten Testaments verfasste, habe sie dem ›beschränkten Horizont‹ dieser Menschen angepasst. Dass Moses die Thora verfasst habe, wie nach traditionaler Überlieferung, widerlegt Spinoza mit penibler Textkritik. Diese These war keineswegs neuartig. Spinoza zitiert den mittelalterlichen spanischen Gelehrten Abraham ben Meir Ibn Ezra, der in seinen Kommentaren zur Thora diese These mit Verweis auf Unstimmigkeiten in den biblischen Berichten über Moses andeutete. Schon im 9. Jahrhundert hatte der Perser Chiwi al-Balkhi die Autorität der Thora auf ähnliche Weise angegriffen.[8] Letztlich lasse sich, folgerte Spinoza, die Botschaft der Bibel reduzieren auf das Doppel-Gebot der Gottes- und Menschenliebe. Mehr ist vom Juden- und Christentum nach Spinozas Sezierung nicht mehr übrig: Ein praktisches Gebot auf einem prekären theoretischen Untergrund. Denn was kann man über Gott und seine Existenz wissen, wenn die Bibel selbst nichts darüber lehren kann? Mit seiner *Ethik*, die postum 1677 erschien, versucht Spinoza diese Frage zu klären. Dabei greift er – ähnlich wie bereits der dafür 1600 in Rom verbrannte Giordano Bruno – den Monotheismus an, der eine klare Unterscheidbarkeit von Schöpfer und Schöpfung voraussetzt – mit einer Ineinssetzung von Schöpfung und Schöpfer: Beide seien dieselbe Substanz, bloße Natur. Gott ist die schaffende (*res naturans*), der Mensch die erschaffene (*res naturata*). Alles ist Eins, auch Geist und Materie. Gott ist Alles – doch in den Augen von

Spinozas Kritikern bedeutete dies: Gott ist nichts. Gott ist überall, Gott ist nirgends. Gott ist in uns und dabei ferner als zuvor.

In der Geschichte der Aufklärung ist Spinoza eines der bekanntesten Beispiele für den Preis, den man zu zahlen hat, wenn man selbst denkt, keineswegs jedoch das einzige: Ihrer Gesinnung wegen wurden Denker der Aufklärung inhaftiert, wie etwa Hugo Grotius im Zuge seiner Auseinandersetzung mit der calvinistischen Orthodoxie in den Vereinigten Niederlanden, oder auch Voltaire und Diderot in Frankreich. Verfolgung drohte nicht allein von Königen und Kirchen. So wurde Thomas Paine unter der Terrorherrschaft der Jakobiner in der Französischen Revolution als Konterrevolutionär verfolgt und entging nur knapp dem Fallbeil. Manche, wie Olypme de Gouges oder Nicolas de Condorcet wurden ebenfalls als Feinde der französischen Republik angesehen. Sie kostete der Gehorsam gegenüber den eigenen Überzeugungen das Leben.

Andere hatten ›nur‹ mit Zensur und Karriereschäden zu kämpfen. Wie etwa David Hume, der sich den Vorwurf eintrug, Atheist zu sein und deshalb nie einen Lehrstuhl erhalten hat, oder auch Christian Wolff, der – ebenfalls des Atheismus bezichtigt – seine Professur verlor und aus Preußen verbannt wurde. Wolffs Vorbildern bzw. Vorgängern, den Rechtsgelehrten und Pionieren des aufgeklärten Naturrechtsdenkens, Samuel von Pufendorf und Christian Thomasius, erging es nicht viel anders. In Briefen klagten sie sich gegenseitig ihr Leid: Sie würden drangsaliert von der lutherischen Orthodoxie, verächtlich gemacht als akademische Lehrer, des Atheismus beschuldigt. Der eine befand sich bereits im Exil in Schweden, der andere auf dem Sprung von der Universität Leipzig nach Halle, wo er sich vom Sächsischen Fürsten jene Denkfreiheit erbat, die ihm die Universitätsleitung verwehrt hatte, als sie ihm ein Druckverbot auferlegte. Er habe sich wohl bemüht, etwas zum allgemeinen Besten beizutragen, bedauert Pufendorf 1685 in einem Brief an Thomasius, »alleine man hat es mir so sauer gemacht, daß mich oft hat gereuen wollen, daß ich weiter, als das vade mecum zu gehen mich erkühnet«.[9]

Selbstdenken, so zeigt das Beispiel des französischen Denkers Pierre Bayle, kann aber nicht nur für den Betreffenden selbst gefährlich sein. Der aus einer hugenottischen Familie stammende und in der Tradition der Pyrrhonischen Skepsis stehende Bayle teilt viele Anliegen mit Spinoza, war ihm aber spinnefeind, auch weil er ihn für *zu wenig* kritisch-skeptisch hielt. Bayle erregte 1683 Aufsehen, als er sich anlässlich der Erscheinung eines Kometen so seine Gedanken machte. In seinen *Pensées diverses sur la comète de 1680* setzt Bayle eine Vielzahl subtiler Spitzen gegen die christliche Lehre und die Obrigkeit, etwa: dass das Neue Testament von heidnischem Aberglauben durchdrungen sei, wie er sich etwa darin äußert, in Himmelserscheinungen Vorzeichen zu sehen; dass es nicht darauf ankomme, wie viele Personen oder welche Autorität etwas behaupten, sondern darauf, ob diese die Dinge recht verstehen, und dass auch tausende Jahre überlieferte Vorstellungen falsch sein können; dass christliche Gesellschaften nicht automatisch tugendhafter seien und dass sie ohne staatliche Gesetze schon längst zerfallen wären, denn machtlos seien christliche Werte; dass Atheismus nicht notwendigerweise zum Verfall der Moral führen müsse, sondern sogar dem Gottesglauben überlegen sein kann, da dieser zu allen möglichen Gewaltverbrechen gegen Andersgläubige aufreizen würde.

Die Ansicht, Kometen deuteten Unglück an, zum Beispiel den Tod eines Königs, kritisierte Bayle auch dafür, dass sie außer Acht lasse, dass der Tod von gewissen Königen auch ein Glücksfall sein könne – je nach Blickwinkel. Und ein König, der von Untertanen abgesetzt werde, weil sie lieber in einer Republik leben möchten, sollte sich laut Bayle damit trösten: Es ist nicht gegen ihn persönlich gerichtet und daher weniger schlimm, als würden sie einen anderen König an seine Stelle setzen. Besonders die letzten beiden Andeutungen konnten Ludwig XIV. nicht gefallen. Da er Bayle – er war bereits im holländischen Exil – nicht habhaft werden konnte, trifft es seinen Bruder, einen calvinistischen Pfarrer, der im Jahr 1685, als das *Edikt von Nantes* aufgehoben wurde, ins Gefängnis gesteckt wurde – wo er umkam. Bayle selbst starb verarmt und zermürbt von Schuldgefühlen und Anfeindungen im Jahr 1706.

Selbstdenken für Alle?

Wie auch Spinoza, ist Bayle für seine Widersacher der Inbegriff anmaßenden Selbstdenkens, das die bestehende Ordnung gefährdet. Selbstdenken, das Leitmotiv der Aufklärungsphilosophie von René Descartes bis Immanuel Kant, ist dort, wo epistemische Autoritäten Gefolgschaft einfordern, ein subversiver Akt. Nicht erst das Ergebnis mündiger Denkarbeit – in Spinozas Fall ein dünner ›Vernunftglaube‹ – ist anstößig, sondern schon die bloße Entscheidung, sich selbst ein Urteil zu bilden. Selbstdenken ist niemals einfach nur ein kognitives Unterfangen, sondern wesentlich Selbstbehauptung (»Ich *will* das für mich klären«). Der Selbstdenker, schreibt Arthur Schopenhauer, gleicht einem Monarchen, der niemanden über sich anerkennt.[10] Wo daher Personen, Gruppen oder Institutionen beanspruchen, Herrscher über wahres Wissen zu sein, wird der Selbstdenker zum Königsmörder.

Dort, wo Menschen mündig sein wollen, mit Kant gesprochen, wo sie sich trauen, sich ihres Verstandes ohne die Leitung eines anderen zu bedienen, setzen sie epistemische Autoritäten unter Druck und untergraben ihre Macht. Es wäre zu kurz gegriffen, die Bedrohlichkeit des Selbstdenkens allein historisch zu kontextualisieren und damit in gewisser Weise dorthin zu verbannen, wo es uns nicht mehr beunruhigt. Wir verkennen nämlich das Gebot, mündig zu sein, wenn wir es nur als Gefahr für alte Ordnungen, überkommene Denkweisen und grotesken Aberglauben ansehen. Wenn Selbstdenken epistemische Autoritäten herausfordern kann, wäre es erst dann harmlos, wenn es niemanden gibt, der beansprucht, etwas eher zu wissen als andere, und sie daher anzuleiten berechtigt ist. Das ist aber in keiner Gesellschaft von Menschen der Fall, auch nicht in den offenen Gesellschaften innerhalb demokratischer Ordnungen. Denn auch sie »ordnen« ihre Diskurse, wie Michel Foucault ausführte, mit institutionell verankerten »Ausschließungssystemen« und unterhalten Instanzen zur »Gedankenkontrolle«, wie Noam Chomsky zeigte.

Für offene, demokratisch verfasste Gesellschaften stellt sich in besonderer Weise die Herausforderung, Selbstdenken mit Stabilitätsinteressen oder auch Idealen der Expertise in Einklang zu bringen. Das wussten auch die Aufklärer*innen. So hat Kant in seiner Schrift »Beantwortung der Frage: Was ist Aufklärung« (1784) die Sorge, wenn alle mündig sein wollten, wäre dies das Ende allen Gehorsams, dadurch abzufedern versucht, dass er streng zwischen privatem und öffentlichem Vernunftgebrauch unterschied. Ein Beamter mag als Staatsbürger öffentlich selbstdenken, so viel er will, in seiner Amtsfunktion aber »ist es nun freilich nicht erlaubt, zu räsonieren; sondern man muss gehorchen«.[11]

Während der Wahlspruch der Aufklärung, das *Sapere aude!*, in erster Linie von Gelehrten eingefordert wurde, die unter Bedingungen der Zensur arbeiteten und um sich herum nur lähmende Unmündigkeit in meist monarchisch regierten Systemen erblickten, stehen gegenwärtige westliche Gesellschaften unter anderen Bedingungen – und vor anderen Herausforderungen. In demokratischen Gemeinwesen ist die Erlaubnis zum Selbstdenken grundsätzlich bzw. der Theorie nach universalisiert: Jeder darf sich selbst ein Urteil bilden, und zusammengenommen sind die Mitglieder eines demokratischen Gemeinwesens souverän. Zugleich sind die Möglichkeiten, selbst zu denken, dank der globalen Verbreitung und Zugänglichmachung von Informationen und Meinungen unermesslich gewachsen. Doch gerade die Komplexität der fortgeschrittenen Moderne überwältigt viele Menschen, selbst die »Gebildeten« unter ihnen.

Epistemische Autoritäten haben dadurch weiterhin eine entscheidende Orientierungsfunktion, allen voran die modernen Wissenschaften. Hervorgegangen aus der Kritik der Tradition bzw. der deduktiven Methode in der frühen Neuzeit, haben sie die Religion in westlichen Ländern als Wissens-Autoritäten weitgehend abgelöst. Wer heute etwas über den Kosmos erfahren möchte, schlägt nicht in der Bibel nach, sondern konsultiert Rutherford, Einstein oder Schrödinger. Auch ist nicht mehr das Buch Genesis die Quelle unseres Wissens von den Ursprüngen der Menschheit, sondern die Paläogenetik. Und wer die Annehmlichkeiten der modernen Medizin genießt, ist keinen Psalmen zu Dank verpflichtet, sondern Forschern wie Röntgen, Landsteiner oder Fleming.

Die Ersetzung einer epistemischen Autorität durch eine andere ändert jedoch grundsätzlich nichts am tendentiell *subversiven* Charakter des Selbstdenkens. Auch dann nicht, wenn dieses, wie im Fall der modernen Wissenschaften, den neuen epistemischen Autoritäten methodisch selbst eingeschrieben ist. Epistemische Autoritäten, seien sie religiös oder säkular, sind untrennbar verknüpft mit *Idealen der Expertise*, das heißt der Unterscheidung zwischen kompetenten und nicht-kompetenten Urteilen. Man frage sich nur selbst: Will man von einem eher kompetenten Zahnarzt behandelt werden oder von einem weniger kompetenten? Wenn Ersteres, dann wären epistemische Autoritäten, die diese Differenz garantieren, vor universalisiertem oder *exzessivem* Selbstdenken zu schützen. Das zumindest wird nahegelegt in Klagen über gesellschaftliche Tendenzen, wissenschaftliche Ergebnisse zu ignorieren und auf ›alternative Fakten‹ zurückzugreifen oder etablierten Medien das Vertrauen zu entziehen – weil man »kritisch« denkt. Manche sprechen angesichts scheinbar außer Kontrolle geratener Begierden, sich sein jeweils eigenes Bild der Welt zu zimmern, vom »Tod der Expertise« oder gar von einem »Nach-der-Wahrheit«-Zeitalter (*post-truth*).[12] Einem Exzess des Selbstdenkens auf Kosten des gemeinschaftlichen Erörterns und Diskutierens wird zudem heute eine Mitschuld am Auseinanderdriften von Weltbild-Gemeinschaften (sogenannten »Blasen«, die abgeschottet nur noch ihnen genehme Informationen zur Kenntnis nehmen) zugeschrieben. Nicht Fremddenken, sondern exzessives Selbstdenken sei das Problem unserer Zeit, so die Einschätzung des

Juristen Markus Kotzur: Heute sei die Mehrheit »rebellisch und aufsässig gesinnt, notorisch misstrauisch gegenüber allem, was sie vorgesetzt bekommt«.[13]

Damit stehen wir vor einem Paradox, das erst dann so richtig sichtbar wird, wenn wir Selbstdenken nicht nur in seiner *produktiven* Dimension (es werden neue Erkenntnisse generiert und Irrtümer benannt), sondern zugleich in seiner *destruktiven* Dimension (es werden Erkenntnisse ignoriert und Irrtümer verbreitet) ernst nehmen: Selbstdenken ist Segen und Fluch zugleich. Wir brauchen selbstdenkende Menschen, um den Prozess der Aufklärung weiterzuführen – und offenzuhalten. Denn keine Generation, das betonte auch Kant, darf einer nachfolgenden Generation verbieten, »in der Aufklärung weiter zu schreiten. Das wäre ein Verbrechen wider die menschliche Natur«.[14] Aber wir können auch nicht den Stachel, der immer schon im Selbstdenken sitzt, ausblenden, denn auch (eher) aufgeklärte Gesellschaften benötigen Kategorien der Kompetenz und Kennerschaft, die mit dem Ideal universalen Selbstdenkens in einem Spannungsverhältnis stehen.

Diese Ambivalenz spiegelt sich in zahlreichen gegenwärtigen Diskursen: Sollen Menschen nicht alles glauben, was in der Zeitung steht, oder Medien bitte doch vertrauen? Sollen Menschen auf die Wissenschaft hören oder dürfen sie zweifeln? Sie sollen kritisch sein, aber bitte den ›Richtigen‹ gegenüber. Sie sollen denken, aber bitte nicht alles. Sie sollen … ja, was eigentlich?

Selbstdenken – aber richtig

Grund genug, einen Schritt zurückzugehen und zu fragen, was Selbstdenken überhaupt ist oder sein kann. Dabei bemerken wir rasch, dass die theoretische Gegenüberstellung von autonomem (d. h. sich selbst die Regeln gebendem) Denken und heteronomem (d. h. von anderen die Regeln übernehmendem) Denken in der Praxis nicht immer aufgeht. Da ist zunächst die Frage, wer entscheiden darf, was Selbstdenken ist und was nicht. Vorwürfe, andere seien indoktriniert, vorurteilsbeladen und dergleichen sind Standardvorhaltungen in fast allen Debatten. Und sie wirken in alle Richtungen, weshalb sie zur Entscheidung von Streitfragen wenig taugen. Und provokant gefragt: Was ist eigentlich so schlimm, sich in manchen Angelegenheiten des (Sach-)Verstandes anderer Personen – oder auch Algorithmen – zu bedienen? Was ist verwerflich an der Bequemlichkeit, sich bei der Suche nach einem bestimmten Ort in einer Großstadt nicht des eigenen Verstandes zu bedienen, sondern des fremden ›Verstandes‹ eines Navigationssystems? Darf man nicht auch beides, selbst- und fremddenken?

Noch schwerer freilich ist der Unterschied zwischen Selbst- und Fremddenken in phänomenologischer Hinsicht aufrechtzuerhalten: Wenn wir als ›unbeschriebenes Blatt‹, als *tabula rasa* geboren sind, also empirische Informationen immer erst sammeln müssen und sie zu verknüpfen und zu deuten erst mühevoll an der Hand anderer erlernen: Welches Selbstdenken ist dann wirklich ein Selbst-Denken? Als soziale Wesen entwickeln wir uns innerhalb von *Kulturen des Denkens*, sind umgeben von Beispielen und Vorbildern, gewöhnen uns an das, was wir kennen, und imitieren unwillkürlich, was wir sehen. Kurz: Das ›Selbst‹ im Denken sind immer auch die anderen. Was aber soll dann Selbstdenken bedeuten?

Anstatt den Wert und das Erstrebenswerte im Selbstdenken in seiner Entfernung vom Fremddenken zu suchen – die oft kürzer ausfällt, als wir uns eingestehen –, ist es hilfreicher, ›echtes‹ Selbstdenken gerade auch als *selbst-reflexives* Denken aufzufassen. Damit ist gemeint, dass es nicht ausreicht, einfach seinen eigenen Verstand zu gebrauchen, selbst Schlüsse zu ziehen und Urteile zu bilden, ohne sich darüber Rechenschaft zu geben, was dieser Verstand leisten kann, wie er etwas vollbringt und nicht zuletzt, worin er *begrenzt* ist. Selbst-reflexives Denken ist kritisches Denken, das in alle Richtungen hin ausstrahlt und sich damit auch auf die eigene Urteilsfähigkeit bezieht. Die klassische Frage der Philosophie »Was kann ich wissen?« gewinnt in einer zunehmend auch für Sachverständige unübersichtlichen Welt radikal an Bedeutung. Durch die Spezialisierung der wissenschaftlichen Disziplinen und der entsprechenden Verinselung von Expertise ist *niemand* kompetent in *allen* Fragen, kann es auch nicht sein. Da wir zwangsläufig darauf angewiesen sind, in vielen Bereichen unseres Lebens Menschen zu vertrauen, die kompetenter sind als wir, werden wir uns immer wieder eingestehen müssen, dass wir nur sehr eingeschränkt Wissen selbst erwerben und es vielmehr meist aus einer Kette von Händen erhalten.

Die entscheidende Frage lautet dann nicht mehr: Kann ich mir in einer Sachfrage selbst ein Urteil bilden – selten oder nur mit enormem Aufwand –, sondern: Wie kann ich mir darüber ein Urteil bilden, wie diejenigen *ihre* Urteile bilden, auf deren Expertise ich angewiesen bin bzw. denen ich Vertrauen schenken möchte? Fragen, die man sich stellen sollte, sind: Was sind die Methoden, mit deren Hilfe sie ihre vermeintlichen Erkenntnisse gewinnen? Was könnten ihre außerwissenschaftlichen Interessen sein oder in welchen Abhängigkeiten stehen sie? Wie steht es um das ›professionelle Standing‹ der vermeintlichen Fachleute, also wie wird ihre Kompetenz von der Kollegenschaft eingeschätzt? Nichtsdestotrotz sind die Grenzen eines solchen Selbstprüfens allzu offensichtlich: Auch preisgekrönte Journalisten können Schwindler sein, Spitzenforscher sich grob irren oder auch nur fehlerhaft arbeiten. So gilt dann auch: Keine dieser Fragen garantiert, zu einem sicheren Urteil über die Vertrauenswürdigkeit von Expertisen zu gelangen. Doch nur der blinde Glaube hält es für entbehrlich, sie überhaupt erst zu stellen.

Selbst-reflexives Denken kann nicht als Haltung eingeübt werden ohne gesellschaftlich-institutionelle Gelingensbedingungen. Dazu zählt ein möglichst freier, öffentlicher Diskursraum, in dem Ansichten sich begegnen und im besten Fall gegenseitig korrigieren können. Nur wer gelegentlich Widerspruch erfährt, der den eigenen Standpunkt in Frage stellt und verunsichert, kann lernen, auch sich selbst zu hinterfragen. Eine unersetzbare Verantwortung für Bedingungen des richtigen Selbstdenkens kommt auch Bildungseinrichtungen zu. Jede Rede von der (digitalen) Wissensgesellschaft ist eitel, solange zwar wissenschaftliche (Zwischen-)Erkenntnisse gelehrt werden, nicht aber vermittelt wird, was wissenschaftliche Methodik, ja überhaupt wissenschaftliches Denken ist. Dort, wo die Ansicht vorherrscht, Informationen würde man sich erst dann besorgen, wenn man sie auch wirklich braucht, halten wir uns für aufgeklärter als wir sind. Denn jedes Denken hat als seine Grundlage auch ›trockenes‹ Wissen. Informationen werden erst zu Wissen, wenn sie in einen »epistemologischen Rahmen« eingeordnet werden, wenn ich also überhaupt erst weiß, wie ich Informationen einschätzen, gewichten und aussortieren soll.[15]

Es ist dieser Zusammenhang zwischen (Urteils-)Bildung und Befreiung des Menschen, der heute wichtiger ist als jemals zuvor. »Wahre Freiheit«, betont der Philosoph und Pädagoge John Dewey, »ist geistig; sie beruht auf der trainierten Gedankenkraft, auf der Fähigkeit Dinge ›umzudrehen‹, bewusst hinzusehen, zu beurteilen, ob die Menge und Art von Evidenz ausreichend ist für eine Entscheidung«.[16] Ohne gezielte Anstrengungen, Menschen darin zu unterstützen, diese Fähigkeiten auszubilden, produzieren technologisch entwickelte Gesellschaften höchstens pseudo-kluge Sklaven. Das gilt besonders dort, wo selbstlernende Algorithmen (»künstliche Intelligenz«) ungeahnte Hilfsdienste und Lebenserleichterungen versprechen. Es reicht demnach nicht, nur Transparenz über ihre einprogrammierten Rechenschritte zu fordern, zumal mit neuen Methoden maschinellen Lernens »künstliche Intelligenzen« zunehmend zu »dunklen Schachteln« werden, in die wir kaum mehr hineinblicken. Zentral, um die Autonomie des Menschen gegenüber seinen Geschöpfen sicherzustellen, sind vielmehr des Denkens fähige Persönlichkeiten, die kontrollieren und nachprüfen, was ihnen möglich ist, und dort, wo es ihnen nicht mehr möglich ist, stets wachsam bleiben. Wo der Glaube wächst, Maschinen könnten das erreichen, was uns Menschen verwehrt ist, nämlich abschließende Gewissheit, geht Selbstbetrug schnell in Selbstverknechtung über.

So verstanden ist nicht jedes Selbstdenken immer schon aufgeklärt. Daher geht der Imperativ »Denke selbst« ins Leere, es sei denn, er fordert die Haltung selbst-reflexiven Denkens ein. Die krudesten Theorien können als Produkte von Selbstdenken durchgehen (»Ich gegen die Weltverschwörung«), die größten Mythen als kritisches Denken, aber aufgeklärt sind sie damit noch lange nicht. Solange Selbstdenken *sich selbst* keine Fragen stellt, bleibt es anfällig für die schwerwiegendsten Vorurteile: Urteile über die eigene Urteilskraft. Selbstdenker ist nicht derjenige, der bequem in seinem eigenen Baum der Erkenntnis sitzt, sondern derjenige, der an diesem Baum auch hin und wieder kräftig rüttelt. Selbstdenken, so könnte man es auch ausdrücken, muss philosophisch werden, um sich von seinem Gegenteil, dem Dogmatismus, zu unterscheiden. Das traditionelle Motto aller Dogmatiker*innen (»Es gilt deshalb, weil es gilt – alternativlos«) sollte Selbstdenker*innen nicht nur Ansporn sein, ideologische Halsstarrigkeit in jeder Erscheinungsform herauszufordern. Es sollte sie auch davor warnen, sich diese Denkweise anzueignen, wo es vielleicht für sie selbst bequem ist. Denn nichts gilt, weil es gilt. Alles könnte anders sein.

Die mündige Frau

Die Gründung der Königlichen Gesellschaft für Ökonomie in Madrid im Jahr 1775 brachte Unruhe in die Stadt. Einige Damen verlangten, in die philanthropische Vereinigung aufgenommen zu werden. Für die meisten Männer, aber auch andere Frauen: eine Ungeheuerlichkeit. Frauen, so die herrschende Ansicht, haben ihren natürlichen Platz nicht in der politischen Öffentlichkeit, sondern im Haushalt. Ihre natürlichen Pflichten ließen ihnen gar keine Zeit, sich für anderes zu interessieren, und man könne auch nicht sicher sein, ob sie wirklich über dieselben intellektuellen Kapazitäten verfügen wie Männer, seien sie doch offensichtlich stark von Gefühlen und sonstigen Schwächen bestimmt, die mit ihrer weiblichen Natur einhergehen. Angesichts der dichten Argumentationswand, gegen die Befürworter*innen der Aufnahme von Frauen in diesen elitären Club ankämpfen mussten, konzentrierten sie sich auf ein Argument im Besonderen. Man kann es als ›Erfolg-durch-Diversität-Argument‹ bezeichnen: Es sei von Vorteil für die Arbeit der Ökonomischen Gesellschaft, wenn sie auch Personen in ihren Reihen hat, die eine spezifische *weibliche* Perspektive einbringen.[17]

So wurde zwölf Jahre lang gestritten. Schließlich beschloss man, innerhalb der Gesellschaft einen eigenen Damenrat einzurichten, die *Junta de Damas*. Angeführt wurde er von der adeligen Gelehrten María Isidra de Guzmán. Sie gilt als erste Frau, die in Spanien einen Doktortitel in Philosophie erworben hat – nur aufgrund eines königlichen Ausnahmeerlasses, denn Frauen waren zu diesem Zeitpunkt an keiner Universität Europas offiziell zugelassen. Die *Junta de Damas* kümmerte sich vorwiegend um Fürsorgeeinrichtungen wie Krankenhäuser oder Schulen und damit um gesellschaftliche Bereiche, die noch am ehesten der ›natürlichen Kompetenz‹ der Frau entsprachen. Von einer Anerkennung als gleichwertige Mitglieder des politischen Gemeinwesens waren die Damas von Madrid 1787 noch gleich weit entfernt wie alle anderen Frauen des Kontinents. Und das, obwohl bereits hundert(fünfzig) Jahre zuvor erste Feminist*innen gegen die Vorstellungen natürlicher Ungleichwertigkeit der Geschlechter in den Kampf gezogen waren.

Darunter befinden sich die französische Philosophin Marie Le Jars de Gournay, eine Freundin Montaignes, mit ihrer Abhandlung zur *Egalité des hommes et des femmes* (*Zur Gleichheit von Frauen und Männern*, 1622) oder der in der Tradition Descartes' stehende Philosoph Francois Poullain de La Barre. Er analysierte in seiner Schrift *De l'Égalité des deux sexes* (›Über die Gleichheit der beiden Geschlechter‹, 1673) geflissentlich die überlieferten Vorurteile über die Unterlegenheit der Frau und kam zum Schluss: Es ist nichts anderes als die Herrschaft des etablierten Stärkeren, die Frauen in eine unterwürfige Position gebracht hat. Gegenüber Männern hätten Frauen keinerlei relevante natürliche Defizite. Man gebe Frauen Bildung, ihre Selbstermächtigung werde folgen. Wozu aber diese Selbstermächtigung, fragten Verteidiger der alten Ordnung? In ihren Augen besteht der Zweck des Frauen-Daseins in reproduktiver Arbeit – was dazu führt, dass Frauen sich wirtschaftlich nicht selbst erhalten können und daher wiederum dem Manne unterstehen. Wie sollen sie jemals autonom, geschweige denn autonome *politische Subjekte* sein?

Wie man sich als alleinstehende Frau selbst erhalten kann, wenn außer Lehrerin oder Gouvernante keine Berufe offenstehen und frau sich nicht in einer Versorgungsehe prostituieren möchte, wie sie sich ausdrückt, fragt sich 1787 auch die Britin Mary Wollstonecraft. Soeben hatte die 28-Jährige ihre Anstellung als Erzieherin bei einer Adelsfamilie in Irland verloren und fasste einen kühnen Entschluss: Sie wolle ein ganz neuer Typ Frau sein; anders als ihre Mutter, die in einer unglücklichen Ehe mit einem Alkoholkranken lebte; anders als ihre Schwester, die nach ihrer Scheidung die Obsorge über ihre Kinder verlor, wie es dem Gesetz entsprach. Und anders auch als die galanten Damen der Oberschicht, die sich mit stumpfsinnigen Wettbewerben um die schönste Erscheinung und die ›beste Partie‹ selbst über ihr sklavenartiges Dasein hinwegtäuschen.

Wollstonecraft bezieht eine Wohnung in London, bringt sich Französisch sowie Deutsch bei und arbeitet als Übersetzerin und Autorin. Sie schreibt für das Magazin *Analytical Review*, deren Herausgeber sie unterstützt und mit radikalen Intellektuellen der Zeit zusammenbringt. Darunter sind der Naturforscher und Philosoph Erasmus Darwin, Charles Darwins Großvater, außerdem der Spiritus Rector der Amerikanischen Revolution Thomas Paine oder auch der Vordenker des Anarchismus, William Godwin (den sie später, nach einem turbulent-unkonventionellen Liebesleben und der Geburt einer unehelichen Tochter, heiraten wird). Es ist die konsequente Selbstbehauptung, mit welcher sich Wollstonecraft über gesellschaftliche Normen und Usancen hinwegsetzt, die sie im Laufe ihres Lebens und darüber hinaus für viele außerhalb ihres Zirkels zum roten Tuch gemacht hat, zur Verkörperung der ›unregierbaren‹ Frau und damit zu einer Infektionsquelle für Subversion.

Männern fühlte sie sich nicht unter- oder überlegen, sondern ebenbürtig. Auch Standesunterschiede waren für die Anhängerin des republikanischen und non-konformistischen Prediger-Philosophen Richard Price irrelevant, um den Wert eines Menschen zu bestimmen. Es zählt nicht, wer man ist, sondern entscheidend ist, was man denkt und wie man handelt. Mit diesem Motto betrat Wollstonecraft, die bis dahin einer breiten Öffentlichkeit unbekannt war, 1791 die politische Bühne. Zwei Jahre nach dem Ausbruch der Französischen Revolution debattierte man im Königreich Großbritannien heftig darüber, inwiefern dieser Umbruch bestehender Ordnung nachahmenswert oder umgekehrt eine Bedrohung für die »englischen Freiheiten« darstellt, wie sie seit der *Magna Charta* (1215) bis zur *Bill of Rights* (1689) errungen wurden. Die zweite Position vertrat Edmund Burke in seinen *Reflections on the Revolution in France* (*Betrachtungen über die Französische Revolution*, 1790). Innerhalb nur weniger Wochen lag mit *A Vindication of the Rights of Men* (*Eine Verteidigung der Menschenrechte*) eine erste flammende Replik von Wollstonecraft auf den Abgeordneten vor. In ihr wirft sie Burke vor, Tradition zu hoch zu schätzen – aus irrationaler Sentimentalität. Ohne heftige Umbrüche gebe es keinen Fortschritt. Das Argument der Autorität müsse daher »irgendwo enden, ansonsten kehren wir zurück zu Barbarei«, so Wollstonecraft.[18] England brauche dringend mehr Freiheitsrechte und auch gerechte Eigentumsverhältnisse, verweist sie auf die Elenden, »deren Eigentum, die Frucht ihres Fleißes, gänzlich der Verfügung ihrer Herren untersteht«. Auch die Frauenfrage spricht sie an und übt Kritik an einer »verkommenen Gesellschaft«, die aus Frauen »unnütze und unbedachte Puppen« mache.

Weitere Repliken auf Burke sollten folgen, darunter nicht nur Paines berühmtes Werk *Rights of Man* (*Die Rechte des Menschen*, 1791/92), sondern auch eine Streitschrift der renommierten Historikerin und radikalen Denkerin Catharine Macaulay. Mit der Französischen Revolution verband sie wie die jüngere und von ihr inspirierte Wollstonecraft die Hoffnung auf Befreiung von feudaler Unterdrückung und monarchischer Willkür – und nicht zuletzt von der Herrschaft des Mannes über die Frau.

Die ersten Anzeichen waren vielversprechend: Die revolutionär gegründete französische Nationalversammlung hatte 1789 die *Déclaration des droits de l'homme et du citoyen* (*Erklärung der Menschen- und Bürgerrechte*) verabschiedet, die der ersten Verfassung des Landes (1791) vorangestellt wurde. »Die Menschen werden frei und gleich an Rechten geboren und bleiben es. Gesellschaftliche Unterschiede dürfen nur im allgemeinen Nutzen begründet sein«, heißt es dort im ersten Artikel. Das konnte doch nur so verstanden werden, dass auch weibliche Menschen den gleichen Anspruch auf gleiche Rechte erheben können. Oder etwa doch nicht?

Bereits 90 Jahre zuvor hat die Britin Mary Astell als Erste politische mit patriarchaler Willkürherrschaft gleichgesetzt und es zum Widerspruch erklärt, wenn Republikaner Frauen die Freiheit verwehren: »Wenn absolute Herrschaft im Staat nicht notwendig ist, wie kommt es dann, dass sie offenbar in der Familie notwendig ist? Wenn alle Menschen frei geboren sind, wie kommt es, dass Frauen als Sklaven geboren sind?«[19] Den französischen Frauen – sie hatten in den ersten Revolutionsjahren an der Umgestaltung der absolutistischen Monarchie in eine konstitutionelle entscheidend mitgewirkt – stutzten die Revolutionäre allerdings bald die Flügel. Sie waren – bis auf wenige Ausnahmen wie Nicolas de Condorcet – überzeugt, dass der »allgemeine Nutzen« Schaden nehmen würde, sollte man Frauen nicht nur die gleichen Menschenrechte, sondern auch die Bürgerrechte zugestehen, sie also als politisch gleich mündig und entscheidungsberechtigt ansehen. Frauen hätten schließlich Familienarbeit zu leisten und damit auch die wichtige Aufgabe, die nächste, kräftige und tugendhafte Generation von freien französischen Männern heranzuziehen. Damit wollte sich Olympe de Gouges nicht abfinden (wie Wollstonecraft stammte sie aus einfachen Verhältnissen). Sie legte mit ihrer *Déclaration des droits de la femme et de la citoyenne* (*Erklärung der Rechte der Frau und Bürgerin*) 1791 eine pointierte Kritik der sie empörenden Doppelstandards vor.

Der ›Backlash‹ ließ – ähnlich wie bereits im Zuge der Amerikanischen Revolution – jedoch nicht lange auf sich warten: Im Verlauf der Französischen Revolution wurden Frauen wieder in die zweite Reihe verwiesen, erste politische Frauenvereinigungen verboten. Auch de Gouges selbst bezahlte für ihr politisches

Engagement einen hohen Preis: Wie andere ›Konterrevolutionäre‹ geriet sie ins Visier der jakobinischen Terrorherrschaft. 1793 starb sie als vermeintliche Anhängerin der Monarchie 45-jährig unter dem Fallbeil und bestätigte damit unfreiwillig ihr Bonmot, Frauen werde zwar das Recht zugesprochen, das Schafott zu besteigen, nicht aber die Rednerbühne.

War Mary Wollstonecraft in der Nähe, als de Gouges an jenem Tag am Place de la Concorde hingerichtet wurde? Wir wissen es nicht. Wollstonecraft war seit fast einem Jahr in Paris, neugierig und alleine brach sie auf in das Herz der Revolution, war aber bald desillusioniert und geriet als Untertanin eines feindlichen Staates schließlich selbst in Gefahr. Trotzdem schaltet sie sich erneut ein, widerspricht erneut einem ›großen Mann‹, diesmal dem Staatsmann Talleyrand. Er hatte sich dagegen ausgesprochen, Frauen Bildung zukommen zu lassen, die an der häuslichen Bestimmung der Frau vorbeigeht. In ihrer *Vindication of the Rights of Woman* (*Verteidigung der Rechte der Frau*, 1792) argumentiert Wollstonecraft, dass Frauen ohne gleiche Freiheit Männern weder gute Gefährtinnen, noch dem Staat wertvolle Familienarbeiterinnen sein können.

Inwieweit Frauen ihre Potentiale zu ihrem eigenen Glück und zum Glück aller ausschöpfen können, hänge davon ab, ob sie zur Mündigkeit erzogen oder aber weiterhin wie Kinder behandelt werden. Ihre Emanzipation liegt aber, so Wollstonecraft, nicht allein in den Händen der Männer. Frauen selbst müssten sich frei machen, allen voran vom Wunsch, Männern zu gefallen: »Ihr erster Wunsch sollte sein, geachtet zu werden.«[20] Und im Zweifel sollten sie ein Single-Dasein mit Würde führen.

Besonders hart geht Wollstonecraft mit Jean-Jacques Rousseau ins Gericht. Dessen Erziehungsroman *Émile* (1762) hat ihr zwar darin imponiert, dass er Natürlichkeit und Mitgefühl lehrt. Umso mehr aber war sie abgestoßen von Rousseaus abwertenden Geschlechterstereotypen: Der Mann ist hart, er denkt, er lenkt. Die Frau fühlt und ist schwach. Je mehr sie fühlt, je schwächer sie ist, desto ›weiblicher‹ ist sie und desto eher wird der Mann ihr dienen. Je ›männlicher‹ aber die Frau, desto ›entarteter‹ und verloren. Wollstonecraft stellt klar: »›Erziehe Frauen wie Männer‹, sagt Rousseau, ›und je mehr sie uns gleichen, desto weniger Macht haben sie über uns. Das ist ja der Punkt, den ich machen will: Ich will nicht, dass Frauen Macht über Männer haben, sondern über sich‹.«

1974 flüchtet Wollstonecraft schließlich aus Frankreich, schwanger von einem US-Amerikaner und mit einem Manuskript, das bei Entdeckung ihren Tod bedeutet hätte: einem historischen Bericht über die Französische Revolution, der einer Abrechnung gleichkommt. Debatten über die Emanzipation der Frau wurden inzwischen in ganz Europa geführt. »Lasst uns auf den Zeitpunkt uns freuen«, erklärte der preußische Staatsmann und spätere Oberbürgermeister von Königsberg, Theodor Gottlieb von Hippel, »wo der Tag der Erlösung für das schöne Geschlecht anbrechen wird, wenn man Menschen, die zu gleichen Rechten berufen sind, nicht mehr in der Ausübung derselben behindert […].«[21] Sein Freund Immanuel Kant gestand Frauen – seien sie auch keine echten (»aktiven«) Staatsbürger, sondern bloß »passive« – immerhin zu, sich in diesen bisher nur Männern vorbehaltenen Status hochzuarbeiten.[22] Wie das trotz Kinderaufzucht gelingen kann? Hippel stellte eine Frage, die auch heute nichts an Aktualität verloren hat: »Ist die Erziehung bloß Pflicht der Mütter, oder [liegt sie] nicht auch den Vätern ob? Gehören die Kinder nicht beiden? Und wenn der Vater, dieser Verpflichtung ungeachtet, nicht aufhört, gesellig zu seyn, warum soll es dann die Mutter?«

Heute, weit mehr als 200 Jahre später, erfreuen sich Frauen in Deutschland, Frankreich, im Vereinigten Königreich und in Spanien all jener Rechte, die sich die Vorkämpfer*innen gleicher Rechte ersehnt hatten, und Freiheiten, die sie sich vielleicht nicht hätten vorstellen können. Zu seiner Zeit, schrieb Poulain de La Barre, würde es für einen Witz gehalten, dass eine Frau einen Universitätslehrstuhl innehat oder als Verteidigerin vor Richtern plädiert, als Diplomatin arbeitet oder gar ein Parlament anführt. Dieser ›Witz‹ ist heute in vielen Ländern Alltag: Frauen in führenden Positionen in Wirtschaft und Wissenschaft, ja sogar an der Regierungsspitze – und dies nicht, weil sie von einem männlichen Monarchen abstammen, sondern weil Männer und Frauen sie dorthin gewählt oder bestellt haben. Frauen auf Weltraummission, Frauen als

Medienmacherinnen, als Ärztinnen. Frauen, die nicht nur rechtlich frei sind, *nicht* zu heiraten, sondern auch dank moderner Verhütungsmethoden selbst entscheiden können, ob, wann und wie oft sie schwanger werden.

Dies und vieles mehr würde vielleicht zuerst ins Auge fallen, wenn man die Feminist*innen der Aufklärung durch unsere Gegenwart spazieren ließe. Doch ist das noch längst nicht alles. Frauen, die sich immer noch auf ihre sexuelle Attraktivität reduzieren (lassen); die es immer noch vorziehen, versorgt zu werden, anstatt selbst für sich zu sorgen; die Berufe wählen, ohne zu fragen, was sie in diesem Beruf verdienen; die Idealen der perfekten Frau nacheifern, obwohl sie an diesen auf so vielfältige Weise leiden. Frauen, die nicht ›Nein‹ sagen oder zu spät. Frauen aus dem globalen Süden, die als moderne Sklavinnen oder Exportware nicht auf das geringste Recht pochen können – in westlichen Metropolen ebenso wie in tausenden Haushalten des Nahen Ostens. Und wie viele Männer unserer ›aufgeklärten‹ Gesellschaften würden ähnliche Antworten auf die Frage geben, was sie von Frauen allgemein denken, wie die Männer zu Zeiten de La Barres? Sprächen sie offen, beklagte der Philosoph im 17. Jahrhundert, würden die meisten Männer sagen: Frauen sind für uns erschaffen, ihre Funktion ist das Kindergebären und der Haushalt.

Betrübt aber wären die Feminist*innen der Aufklärung wohl zu erfahren, dass ihre Vision der Gleichberechtigung von Männern und Frauen keineswegs in allen Rechtssystemen der Welt verankert und nur in den wenigsten Ländern auch tatsächlich wirksam geschützt ist. Die Erziehung ausschließlich zur Ehefrau und Mutter gehört ebenso zur Lebensrealität von Millionen von Mädchen wie ihre Fremdbestimmung in intimsten Lebensbereichen, allen voran der Partnerwahl. Für sie gilt noch immer, was bereits Thomas Paine mit Blick auf Frauen in patriarchalen Kulturen weltweit beklagt hat: »Wenn sie nicht heißgeliebt sind, sind sie nichts; und wenn sie es sind, werden sie gequält.«[23] Selbstdenken kann nicht einmal im Ansatz dort wachsen und gedeihen, wo Strukturen der Unmündigkeit Frauen die Mittel dazu verwehren: Lesen können – Gesetze, Beipackzettel, heilige Bücher, Polizeiprotokolle, Verträge – und Schreiben – Tagebücher, Leserbriefe, Hilferufe, Testamente.

Wer glaubt, wir könnten das Anliegen der Bildung und Befähigung von jungen Frauen im dritten Jahrzehnt des 21. Jahrhunderts als abgehakt in die Schaukästen der Kulturgeschichte legen, der irrt: Das UN-Kinderhilfswerk schätzt, dass in den global betrachtet ärmsten Haushalten jede dritte Jugendliche noch nie eine Schule besucht hat. Und lediglich in einem Viertel aller Staaten besuchen gleich viele Mädchen wie Jungen die Oberstufe (Sekundarstufe II).[24] Wer also meint, die Lebenswirklichkeiten von Frauen mit feministischer Sprachkritik verbessern zu können, möge ihre Privilegien genauer betrachten. Das feministische Ziel der fortgeschrittenen Moderne, nach dem sich zu streben lohnt, kann nicht allein in der Verfeinerung von elitären Sensibilitäten und raffinierten Theorien bestehen. Angesichts der für viele Frauen noch immer unerreichbaren Freiheiten wäre es umso wichtiger, feministische Theorie wieder vom Kopf auf die Füße in eine globale Welt zu stellen.

Das Einzige, so kann man spekulieren, worüber die Feminist*innen der Aufklärung nicht überrascht wären, ist wahrscheinlich die Hartnäckigkeit von Vorstellungen, dass Frauen ihre Emanzipation nur auf Kosten der Vernachlässigung ihrer angeblich natürlichen Pflichten erreichen. Was würden sie darauf antworten, würde man sie mit der heute keineswegs vereinzelten und speziell in (religiös-)völkischen Gruppierungen verbreiteten Einschätzung konfrontieren, wonach der Feminismus die »Familienwerte« untergraben oder gar zum Niedergang der Zivilisation, wie viele meinen, beigetragen hat? Und wie würden sie reagieren auf den gerade in sogenannten ›progressiven‹ Kreisen beliebten Vorwurf, ›westliche‹ feministische Werte seien »kultureller Imperialismus«? Wie immer sie auch reagierten: Es bleibt uns nicht erspart, diese Fragen selbst durchzudenken, denn sie sind der Angelpunkt unabhaltbar wiederkehrender Kontroversen: Gibt es eine natürliche Ordnung oder bringt erst der Mensch Ordnung in die Welt? Wenn Ersteres gilt: Wie sieht die Ordnung aus? Wenn Letzteres: Welche Ordnung wollen wir also errichten? Und wenn wir nicht dieselbe Ordnung errichten wollen, wie gehen wir mit unseren Unterschieden um?

III. Souverän sein

Es war ein bitterkalter Januartag 1649, als Charles I., seines Zeichens König von England, Schottland und Irland, an der gefrorenen Themse vorbei zum Richtplatz geführt wurde. Nach einer Regierungszeit von fast einem Vierteljahrhundert und einem Bürgerkrieg, in dem seine Truppen den Armeen der Parlamente von England und zunächst auch von Schottland unterlagen und der Hundertausenden das Leben kostete, war Charles I. in den Augen seiner Ankläger kein rechtmäßiger Herrscher mehr. Er war vielmehr ein Feind des Volkes, so urteilte das aus Mitgliedern des Parlaments zusammengesetzte Gericht, das zuvor von Königstreuen ›gereinigt‹ wurde. Charles I. habe seine Interessen über die öffentlichen gestellt, habe gegen Recht, Freiheit und Frieden des Volkes regiert. Bevor dem gestürzten Regenten der Kopf abgetrennt wurde, wandte er sich an die Zuschauer*innen dieses in der politischen Geschichte beispiellosen Tabubruchs und betonte noch einmal die Gegenthese zum Prinzip der Volkssouveränität, auf dem seine Hinrichtung gegründet war. Die dieser Tage viel beschworene Freiheit der Menschen bestehe nicht darin, zu regieren, sondern eine Regierung zu haben: »Es steht ihnen nicht zu, Anteil an der Regierung zu haben; das gehört sich für sie nicht. Ein Untertan und ein Souverän sind klar verschiedene Sachen.«[25]

Damit vertrat Charles I. den traditionellen Standpunkt, dass Könige ihr Recht, über Land und Untertanen zu herrschen, von Gott erhalten. Dieses »Divine Right of Kings« war aber nicht erst brüchig geworden, seit das englische Parlament immer selbstbewusster legislative Mitsprache einforderte und damit eine kurzzeitige Abschaffung der Monarchie erreichte. Dieses königliche Recht wurde auch nicht erst in Frage gestellt in den darauffolgenden Debatten über die Legitimation von Herrschaft, auf welche die Errichtung eines republikanischen Gemeinwesens unter »Lordprotector« Oliver Cromwell wie ein Katalysator wirkte. Woher aber nun stammten diese republikanischen (demokratischen) Ideen, die so viele Menschen, die der Hinrichtung Charles' I. beiwohnten, darin bestärkte, in diesem Schritt nicht eine Verkehrung der richtigen Ordnung zu sehen, sondern vielmehr die Korrektur einer Fehlentwicklung?

Alle Macht dem *Volk*!

Dass Könige ihr Recht über Menschen zu herrschen nicht von Gott (alleine), sondern (primär) von den Menschen selbst erhalten, wurde bereits im 16. Jahrhundert von humanistisch gesinnten oder auch dem Calvinismus nahestehenden Gelehrten öffentlich vertreten. Ihre Inspiration waren einerseits die antiken Anfänge der Demokratie in Athen und der Römischen Republik. Andererseits beschworen sie mit dem Wahlkönigtum ausdrücklich frühere Herrschaftsformen. In seiner einflussreichen Schrift *Francogallia*

(1573) vertrat der französische Jurist François Hotman die These, die Königswürde sei ursprünglich nicht erblich gewesen, sondern dem Herrscher von den Menschen übertragen worden. Deshalb hätten in diesen ›alten Zeiten‹ Könige auch keine unbegrenzte Herrschaft innegehabt, sondern seien ihrem Volk Rechenschaft schuldig gewesen. Auch für Schottland behauptete der Gelehrte George Buchanan, welcher auch in Paris und kurz in Lissabon wirkte (bevor er dort vor der Inquisition fliehen musste), im 16. Jahrhundert Ähnliches.

Bis weit ins 18. Jahrhundert blieb die Frage, ob die Hinrichtung Charles' I. gerechtfertigt gewesen war, eine strittige, an der keine Darstellung der englischen Geschichte vorbeikam. Während etwa Catharine Macaulay in ihrer *The History of England* republikanisch argumentierte, dass ohne das Prinzip der Volkssouveränität alle Regierungen gleichermaßen Tyranneien seien,[26] zog sich David Hume mit seiner *The History of England* Spott und Ärger der Republikaner zu, weil er Mitgefühl mit Charles I. erkennen ließ.

Auf der einen Seite des Meinungsspektrums bewegten sich die Einfluss verlierenden Anhänger des Gottesgnadentums und der Erbmonarchie, wie etwa Robert Filmer. Die ursprüngliche und natürliche Regierung liege beim von Gott autorisierten König(sgeschlecht). Am anderen Ende der Kontroverse standen jene, die eine ›pure Demokratie‹ befürworteten, wie die Levellers und andere radikale Republikaner. Richard Overtone ist ein solcher ›Gleichmacher‹, der behauptete, »jeder Mensch ist von Natur aus ein König, Priester und Prophet in seinem eigenen natürlichen Bereich«.[27]

Zwischen diesen beiden Extrempositionen bewegten sich viele entlang der sich erst nach und nach herausbildenden Unterscheidung zwischen *Souveränität* und *Herrschaft*. Polittheoretisch gesprochen geht es dabei um die Frage, wem die Macht zukommt, Gesetze zu erlassen und diejenigen zu bestimmen, die diese Gesetze ausführen. Der Souverän *gibt* die Macht, der Herrscher *hat* sie, beim Souverän liegt sie also zuerst. Aus der Aufarbeitung des Englischen Bürgerkrieges, der mittelfristig in eine konstitutionelle Monarchie führte, entstand eine neue Theorietradition, deren Einfluss auf die Geschichte der politischen Moderne nicht überschätzt werden kann: die Theorien des Gesellschaftsvertrages. Diese Lehren versuchen Antworten darauf zu geben, bei wem die Souveränität liegt (und bereiten damit der Demokratie den Weg); ob und wie Volkssouveränität und Volksherrschaft auch jenseits kleiner Stadtstaaten vereinbart werden können (und entwickeln damit demokratische Repräsentationsmodelle); wann Herrschaft illegitim wird (und begründen dadurch Widerstands- bzw. Revolutionsrechte); was der Zweck des Staates ist (und tragen damit zu dessen Säkularisierung bei und eröffnen den Horizont von Grundrechten).

Solche Sozialkontraktstheorien stellen die Vorstellungskraft an den Anfang ihrer Beweisketten: Was wären Menschen ohne Staat, ohne Gesetze, ohne

Herrschaft? Bereits bei Buchanan finden wir Beschreibungen, die später als ›Naturzustand‹ im Denken eines Thomas Hobbes oder John Locke konzeptionell vertieft werden: In völliger Freiheit gibt es keine Zivilisation, denn dort finden nur spontane Vereinigungen unter Menschen statt. Es fehlt an verbindendem Vertrauen, das über den eigenen Clan hinausreicht. Ihre Interessen und ihr soziales Wesen führen die Menschen aber dann zueinander, so Buchanan, der hier noch recht vage bleibt. Bei Hobbes werden die Triebfedern, die Menschen aus dem Naturzustand – einem Zustand unbeschränkter und damit imperfekter Freiheit für alle – herausführen, präzise aufgeschlüsselt: Todesfurcht und Vernunft. Da jede(r) jede(n) töten kann, die Menschen also eben darin grundsätzlich gleich, weil gleichermaßen verletzlich sind, streben Menschen nach einer Verbesserung ihrer Situation. Die Vernunft, hier rein instrumentell gedacht, weist ihnen den Weg: Wer Frieden und Sicherheit will, muss seine ursprüngliche, natürliche Freiheit in dem Maße einschränken, wie es auch alle anderen zu tun bereit sind. Diese Form der Kooperation mit anonymen Anderen ist somit ein Ergebnis aus Einsicht, keineswegs ein natürlicher Impuls.

In einem so vorgestellten Vertrag geht die ursprüngliche Freiheit nicht verloren, sie wird indes aufgehoben, oder, anders ausgedrückt, übertragen auf den oder die Herrscher. Dieser steht den sich vereinigenden Menschen nicht als Vertragspartner gegenüber, sondern entsteht erst durch den Vertragsschluss aller mit allen selbst. Die landläufige Sicht, beim Hobbes'schen Gesellschaftsvertrag handle es sich um einen Unterwerfungsvertrag, ist somit unscharf: Nicht Unterwerfung ist zentraler Gegenstand des Vertrages, sondern Zusammenschluss mitsamt dem Versprechen, sich einem oder mehreren noch nicht identifizierten Herrscher(n) unterzuordnen, den oder die man gemeinsam per Mehrheitsbeschluss erwählt. So werden die Menschen zu einem einzigen Körper, dem Staat, zum mächtigen Ungeheuer *Leviathan*. Auch wenn Hobbes selbst das Wahlfürstentum bevorzugt, lässt er seine Theorie bewusst offen für Wahl-Aristokratie und repräsentative Demokratie.

Widerstand erlaubt

Auf diese Weise legitimieren Sozialkontraktstheoretiker das Gewaltmonopol des Staates und – was noch wichtiger ist – unterwerfen jedes Staatshandeln einem Maßstab: Inwieweit ist der Staat bzw. der Herrscher fähig, die natürlichen Rechte des Menschen, allen voran das Recht auf Selbsterhaltung, zu schützen? Denn nur um des »fundamental heiligen und unabänderlichen Gesetzes der Selbsterhaltung« willen sei der Mensch in den Staat eingetreten, so Locke.[28] Sollte sich der Staat als gefährlicher für den Einzelnen herausstellen als der Naturzustand, verliert er damit seine Existenzberechtigung, betont in dieser Argumentationslinie auch Thomas Paine: »Der Mensch ist nicht in die Gesellschaft eingetreten, um schlechter gestellt zu sein als zuvor, nicht um weniger Rechte als zuvor zu haben, sondern um diese Rechte besser zu sichern.«[29] Eine Kurzformel dieser revolutionären sozialkontraktualistischen Perspektive finden wir in der US-Amerikanischen Unabhängigkeitserklärung (1776): Alle Menschen sind gleich geschaffen, verfügen über die unveräußerlichen Rechte auf Leben, Freiheit und Glücksstreben. Um diese Rechte zu sichern, werden Regierungen eingesetzt, deren Legitimität sich von der Zustimmung der Regierten ableitet, die wiederum das Recht haben, diese Regierungen abzusetzen, wenn sie dieser Aufgabe nicht entsprechen.

Dieser *spezielle Legitimitätsdiskurs* (»Welche Art von Herrschaft ist gerechtfertigt?«) schließt in Theorien des Gesellschaftsvertrages an den *allgemeinen Legitimitätsdiskurs* (»Warum ist Herrschaft überhaupt gerechtfertigt?«) an und eröffnet eine völlig neuartige Sicht auf Politik. Die Sozialkontraktstheorien stellen das Modell des Gottesgnadentums quasi auf den Kopf: Souveränität liegt nicht ›oben‹ bei Gott, sondern ›unten‹ bei den Menschen. Nur wenn alle sich gegenseitig als Gleiche anerkennen, kann aus dem Naturzustand ein Friedenszustand werden. Während bei Hobbes diese Gleichheit in der Verwundbarkeit der Menschen besteht, liefert Locke ein explizit religiöses Argument für ihre natürliche Gleichheit: Alle Menschen sind in seiner Theorie Kinder bzw. Eigentum Gottes.

Ideen von natürlicher Gleichheit, natürlichen Rechten und allen voran eines auf die Selbsterhaltungsinteressen der Menschen hin ausgerichteten Auftrags des Staates verbreiten sich in ganz Europa. Sogar in kleinste Dörfer dringen sie vor, wie das Beispiel des Bürgermeisters des südfinnischen Loviisa zeigt. In seinem Beitrag zur Debatte um Privilegien des Adels im Jahr 1770 fordert Alexander Kepplerus,

> alle nicht-adeligen Untertanen, unabhängig von Status, Alter und Geschlecht [...] sollen geschützt sein vor allem Zwang ihre Person, ihre Geschäfte und ihren Besitz betreffend, so daß jeder einzelne durch Zustimmung und freien Willen in der Lage sei, sich selbst und seine Person zu regieren [...].[30]

Mit den von den britischen Inseln ausgehenden Emigrationsbewegungen verbreiten sich republikanische Ideen früh in die nordamerikanischen Kolonien. In diesen Kolonien, aus Handelsposten hervorgegangen, entfaltet sich ihr Potential nun nachhaltig. Der Keim dieser Wirkungsmacht liegt, folgt man Hannah Arendt, schon darin, dass »nur die britischen Emigranten von Anfang an darauf bestanden haben, dass sie sich zu ›zivilen politischen Körperschaften‹ konstituieren«.[31] Schon die ›Pilgerväter‹ auf der Mayflower, die vor vierhundert Jahren Plymouth erreichte, schlossen einen Pakt, den *Mayflower Compact*, worin sie sich ganz im Sinne des Sozialkontraktualismus versprachen, gemeinsame Gesetze zu errichten und ihnen Folge zu leisten. *Sie* waren nun die relevante politische Gruppe, nicht ein diffuses Britisches Empire. Unzufriedenheit mit der Politik der englischen Krone gegenüber den dreizehn amerikanischen Kolonien und der Unverhältnismäßigkeit ihrer Steuerlast im Vergleich zur politischen Mitbestimmung hätte sich auch anders kanalisieren können als in einer offenen Revolution. Nur auf Basis entsprechender Theorien aber wurde aus einem lokalen Aufstand wie der Bostoner Tea Party 1773 der Anstoß zu einem politischen Umwälzungsgeschehen – dem »vielleicht größten, sicherlich kühnsten Unternehmen der europäischen Menschheit«.

Als der aus einfachen Verhältnissen stammende Abenteurer und Schriftsteller Thomas Paine – er ging 1774 nach Amerika – mit seinem *Common Sense* 1776 einer hochpolitisierten Öffentlichkeit die wichtigsten Thesen der Sozialkontraktstheorien zusammenfasst und ihre Implikationen ausspricht, muss er nicht mehr viele überzeugen, dass Unabhängigkeit von England richtig ist. Seine Schrift hatte eher den Zweck, zu diesem drastischen und in seinen Folgen kaum abschätzbaren Schritt zu ermutigen. So wettert Paine denn auch gegen die »Männer des passiven Temperaments« und ihre »Doktrin der Versöhnung« mit dem Mutterland.[32] Er ruft den Einwohnern Amerikas zu, es sei Zeit sich zu trennen: »'TIS TIME TO PART« und versichert sie darin, dass diese Bewegung ihrer aller Schicksal und nicht bloß eine Angelegenheit Neuenglands ist. Ja mehr noch, drängt Paine: Es ist eine Angelegenheit der ganzen Menschheit.

Nicht nur Monarchisten sahen in der sozialkontraktualistischen Revolutionstheorie eine Gefahr. In Deutschland fürchtete Immanuel Kant, durch solche Theorien verleitet, wolle sich das Volk »den allgemeinen menschlichen Anspruch auf eigene Glückseligkeit nicht nehmen lassen und wird Rebell«.[33] Kant wollte diese Gefahr an der Wurzel packen und verneinte gegenüber Hobbes und anderen, dass Staaten für den Zweck errichtet sind, das Wohlergehen bzw. die Rechte ihrer Bürger zu sichern. Der Zweck des Staates sei die staatliche Rechtsordnung als solche. Indem Kant die Grundlagen des Staates, Freiheit und Gleichheit, als apriorische Prinzipien festlegt, versperrt er gezielt den Pfad zu einem Widerstandsrecht gegenüber einem Staat, der die Wünsche der Menschen enttäuscht. Rebellion und Aufwiegelung jeder Art erscheinen sodann als »das höchste und strafbarste Verbrechen im gemeinen Wesen [...], weil es dessen Grundfeste zerstört«.

»Revolutionen«, schreibt Arendt, »sind die einzigen politischen Ereignisse, die uns direkt und unausweichlich mit dem Problem des Neubeginns konfrontieren.«[34] Und nichts macht Menschen mehr Angst als ein Neubeginn ins Nichts. Denn woran können, woran wollen die amerikanischen Revolutionäre sich orientieren? An den Demokratien der Antike? Dass die sozialen Bedingungen des nordamerikanischen Siedlerkolonialismus völlig andere sind, war den Akteuren der Amerikanischen Revolution bewusst. Und sie wussten auch um die Kluft zwischen dem Anspruch, dass ein Volk sich selbst regiere, und der Wirklichkeit: der Unvollkommenheit des Volkes.

Alle Macht dem Volk?

Mit geschwollenem Gesicht und einer Binde um seinen zerschossenen Kiefer betrat Maximilian Robespierre am 28. Juli 1794 das Schafott, fast auf den Tag genau ein Jahr, nachdem er vom französischen Nationalkonvent in den Wohlfahrtsausschuss entsandt worden war. Dieses *Comité de salut public* sollte als Exekutive des Konvents fungieren, war aber spätestens mit Einzug der radikalen Republikaner Robespierre und Louis-Antoine de Saint-Just zum zentralen Machtorgan der jungen Französischen Republik geworden. Kaum hatten die Radikalen den Sieg über die Anhänger einer konstitutionellen Monarchie davongetragen, begannen sie in ihren eigenen Reihen mit Säuberungen. Unter der militärischen Bedrohungslage im Äußeren gerieten nach und nach die ›ideologisch Unverlässlichen‹ im Inneren immer mehr in das Visier des Terrors.

Das Volk soll herrschen, bei ihm liegt die wahre Souveränität, so verkündet es die *Erklärung der Rechte des Menschen und des Bürgers* vom 28. August 1789, die noch von Männern mitverfasst wurde, die – wie der Held der Amerikanischen Revolution, der Marquis de La Fayette – hofften, Frankreich nach dem Vorbild der jungen Vereinigten Staaten von Amerika in die politische Freiheit zu führen. Auch die Französische Verfassung 1793 beschwört die Souveränität des Volkes und seine Rechte, sie wurde allerdings bereits nach zwei Monaten außer Kraft gesetzt. Dass die Französische Revolution einen anderen Verlauf nahm als die Amerikanische, hat viele Gründe. Einer davon liegt in der politischen Philosophie, der Männer wie Robespierre anhingen, allen voran der Lehre von Jean-Jacques Rousseau. Zwar teilten die Republikaner diesseits und jenseits des Atlantiks die Verehrung für Montesquieu und mit diesem die Hingabe an die politische Theorie der Antike. Die amerikanischen Patrioten aber orientierten sich an der englischen republikanischen Philosophie und misstrauten der scheinbar radikal-demokratischen Theorie Rousseaus und ihrer anti-liberalen Stoßrichtung. So sie seine Ideen ernst nahmen, dann um sich von ihnen abzugrenzen. Robespierre hingegen studierte Rousseau, einen philosophischen Sonderling in mehrfacher Hinsicht, sehr genau.

Rousseau ist Sozialkontraktualist und verbindet seine Staatsphilosophie mit einer kulturphilosophischen ›großen Erzählung‹: Sein Naturzustand ist ein in die frühe Geschichte der Menschheit hineinimaginiertes Paradies, auf das der Verfall folgt. Mit zivilisatorischem Fortschritt und durch Naturkatastrophen den Menschen abgenötigtem planvollem Handeln verlieren sie gleichsam ihre Unschuld. Die Ungleichheit kommt in die Welt und bald finden sie sich in Privateigentums- und Unterdrückungsverhältnissen wieder: für Rousseau dasselbe. Ein neuer Gesellschaftsvertrag muss her, befindet Rousseau in seinem *Du contrat social* (1762), um die ursprüngliche Gleichheit der eigentlich frei Geborenen wiederherzustellen. Ihre Freiheit im Sinne individueller Interessensverfolgung ist für Rousseau hingegen sekundär, vielmehr müssten die Menschen zu wahrer Freiheit manchmal erst gezwungen werden. So legt er die Souveränität auch nicht in das Volk und seinen empirischen (Mehrheits-)Willen, sondern in einen abstrakten, idealen Allgemeinwillen (*volonté générale*). Alle Macht liege bei diesem Willen – oder genauer: demjenigen, der diesen Willen ausdeutet oder ›richtig erkennt‹.

In dieser Theorie wurzelt, wie J. L. Talmon nachzeichnet, der Ursprung der »totalitären Demokratie«.[35] Nicht das Ideal einer Freiheit *von* etwas (Bedrohungen/anderen), sondern einer Freiheit *zu* etwas (Gleichheit / Vervollkommnung / heiliger Vereinigung) leitet Rousseaus Denken. Diesen Unterschied zwischen Anhängern negativer und Anhängern positiver Freiheit versteht der Philosoph Isaiah Berlin so: »Jene wollen die Staatsgewalt als solche eindämmen. Diese wollen die Staatsgewalt selbst in die Hand bekommen.«[36]

Letzteres war auch das Ansinnen von Robespierre, welcher der Meinung war, das Volk sei gut, werde aber von verräterischen Köpfen verwirrt und verführt. Man könne Frankreich daher nur retten, wenn man dem *wahren* Willen des Volkes – und mögen es die

Menschen selbst nicht so verstehen – zum Durchbruch verhelfe. Man müsse, drängt Robespierre in seiner Rede »Über die Prinzipien der politischen Moral« am 5. Februar 1794 vor dem Nationalkonvent, »das Schicksal der Freiheit in die Hände der Wahrheit legen«.[37] Wem es um die Wahrheit geht, der darf bei der Wahl seiner Mittel nicht zimperlich sein. Gewalt kann tugendhaft sein, wenn sie nur der Wahrheit geweiht ist. Die größte Gefahr, mahnt Robespierre, sei die Angst vor dem »richtigen Mut« (*propre courage*). So gelangt er zu seiner berüchtigten Gleichsetzung von Terror und Tugend im Namen der *volonté générale*, die er zu definieren und durchzusetzen sich ermächtigt sah. Aus ›Alle Macht dem Volk‹ wurde ›Alle Macht dem wahren Freund und Beschützer des Volkes‹. Demokratie entartete in Populismus, in die Teilung des Volkes in ›echte‹, ›redliche‹ und in seine ›falschen‹, ›korrupten‹ oder ›verräterischen‹ Teile.

Edmund Burke hat früh erkannt, dass der Ausbruch der Französischen Revolution nicht zu früh gelobt werden sollte. Bereits 1790 warnte er, sehr zum Missfallen euphorisch-solidarischer britischer und irischer Republikaner*innen, die Pariser Revolutionäre hassten das Laster zu sehr, um die Menschen lieben zu können.[38] Und auch seine Pamphlet-Kontrahentin, Mary Wollstonecraft, erklärte nach ihrer Flucht aus Paris, es sei »diese Souveränität des Volkes, die Perfektion der politischen Wissenschaft, welche nur erreicht werden kann, wenn eine Nation wirklich aufgeklärt ist, die sie zu Tyrannen gemacht hat«.[39] Der Weg der ›reinen‹ oder ›populistischen‹ Demokratie in Frankreich endete in der Diktatur.

Es ist ein für die Situation moderner Demokratien überaus aufschlussreiches Paradox, dass die Amerikanische Revolution diesen Pfad gerade deshalb nicht zu gehen verdammt war, weil ihre Akteure der vollen Souveränität des Volkes mehr oder weniger skeptisch gegenüberstanden. Auch wenn die republikanischen Staatsdenker auf der anderen Seite des Nordatlantiks – manche von ihnen lebten als Gesandte der jungen Vereinigten Staaten im (vor-)revolutionären Paris – sich zur Volkssouveränität bekannten, so taten sie es doch stets mit Vorbehalten.

Das lag schon daran, dass sie nicht versuchten, das Ideal der direkten Demokratie in die Realität großer Flächenstaaten hineinzuretten. Sie suchten daher keinen Ersatz für den Volkswillen in einem Allgemeinwillen, sondern tüftelten an zeitgemäßen Formen demokratischer Repräsentation. Im Sinne der Unterscheidung von Souveränität und Herrschaft strebten die US-amerikanischen Gründerväter danach, die Spannung zwischen Volkssouveränität und Volksherrschaft zu balancieren. Das Volk mag die Macht *geben*, aber muss es sie auch immer *innehaben*?

Insbesondere die später auch in Frankreich so bestimmende soziale Frage schien den Gründervätern für die Rechte der Einzelnen – manche sagen auch: für die Privilegien der gehobenen Klasse – bedrohlich. Das Eigentumsrecht an sich selbst und den Früchten seiner Arbeit kann unter Druck kommen, wenn sozial-revolutionäre Bewegungen im Namen des Volkes argumentieren. Spätestens als sich im Zuge der Amerikanischen Revolution in Massachusetts 1786 eine von Daniel Shays geführte Rebellion Bahn brach, stand vielen die Gefahr eines ungezügelten Volkswillens deutlich vor Augen. In der verfassungsgebenden Versammlung schließlich nahmen die Gründerväter Bedacht auf eine Einhegung der Macht des Volkes.

In Philadelphia erarbeiteten sie – unter Ausschluss der Öffentlichkeit – eine Verfassung, die effektiv eine Teilung der Souveränität anstrebte: Das Volk wählt eine Kammer, das Abgeordnetenhaus. Die Abgeordnetenhäuser der einzelnen Bundesstaaten sind aber insofern co-souverän, als sie die Mitglieder des Senats bestimmen, der als aristokratisches Kontrollgremium und zweite legislative Kammer konzipiert wurde.[40] Diese bi-kamerale Gewaltenteilung sollte in Verbindung mit dem durch Repräsentation vermittelten Volkswillen nichts anderes verhindern, als dass aus Demokratie eine Diktatur des Volkes wird.

Eine zweite Kammer als Kontrollgremium für die Volksvertretung verdopple die Sicherheit des Volkes, schreibt der spätere US-Präsident James Madison in einem seiner *Federalist Papers* (1787–88).[41] Das kann so verstanden werden, dass eine Abgeordnetenkammer zwar die Sicherheit des Volkes vor der Regierung wahrt, sich aber nicht *vor sich selbst* schützen kann. Die Verfassung der Vereinigten Staaten steht damit im Zeichen einer »gemischten Regierung«, dem bevorzugten politischen System vieler republikanischer Aufklärer.

Hier liegt auch der Ursprung der modernen Idee von Gewaltenteilung, die genau betrachtet für die politischen Theoretiker der Aufklärung nicht nur im Sinne einer Trennung von Souveränität und Herrschaft, sondern oft auch als Teilung von Souveränität selbst verstanden wurde. Letztere kann als *Gewaltenteilung im weiteren Sinne* bezeichnet werden und ist von Ersterer, der *Gewaltenteilung im engeren Sinne*, gänzlich verschieden. Aufklärer, die für die eine Form von Gewaltenteilung waren, musste nicht auch die andere bejahen. Für Denker wie Bodin, Hobbes und Locke ist die Souveränität der Gesetzgebung unteilbar. Sie verneinen demnach eine Gewaltenteilung im weiteren Sinne. Des ungeachtet können sie ohne Widerspruch die funktionale Trennung von gesetzgebender und ausführender Staatsmacht vertreten, also eine Gewaltenteilung im engeren Sinne. Anders die Befürworter einer gemischten Regierung, genauer: *geteilten Souveränität.* So geht James Harrington – er hat die Gründerväter nicht weniger inspiriert als Locke – davon aus, dass Demokratie aus zwei souveränen Körperschaften bestehen muss: einer parlamentarischen Versammlung und einer Art Expertenrat. Klar spricht sich Harrington gegen eine ›absolute Demokratie‹ aus, die in ihren Wirkungen nicht weniger schädlich sei als eine absolute Monarchie. Ein Volk ohne (Selbst-)Begrenzung seiner demokratischen Machtfülle vergleicht er gar mit Hexen in Trance. Denker wie Harrington nahmen das Grundgerüst der englischen nach-revolutionären Ordnung als Blaupause für eine gemischte Regierung, die nun nicht mehr Souveränität von Monarch und Volk verbindet, sondern die Souveränität des Volkes mit der Souveränität der Besten. Letztendlich ist es für dieses Ansinnen gleichgültig, ob der Volkswille nun durch ein republikanisch-aristokratisches Zweikammersystem oder durch das Veto eines Königs oder Präsidenten in Schach gehalten wird. Entscheidend ist, dass die Vordenker der modernen Demokratie selbst in der angloamerikanischen Tradition keine ›reinen‹ Demokraten waren.

Man muss nicht so weit gehen wie Arendt, die in diesem Zusammenhang sogar von einer »Abscheu vor Demokratie« spricht.[42] Es genügt, anzuerkennen, dass zentrale Gründerväter der Vereinigten Staaten als erster moderner Demokratie der Welt keinesfalls alle Macht dem Volk geben wollten, sondern letztlich einen Kompromiss erstrebten zwischen Freiheit des Volkes und seiner Kontrollierbarkeit. John Adams etwa, zweiter US-Präsident, hat sich bereits 1776 klar dazu bekannt, worauf es bei der Errichtung einer Republik ankomme, nämlich »die Macht von den vielen auf einige wenige der Weisen und Guten zu verteilen«.[43]

Zusätzlich zu einer Gewaltenteilung im weiteren Sinne sollten aus Sicht vieler Staatsdenker Rechte dafür sorgen, dass die Macht des Volkes, Gesetze zu geben, nicht schrankenlos ist. Kein anderer hat diese Idee so vehement vertreten wie der aus Lausanne stammende Philosoph Benjamin Constant. Sein Gegner war im fortgeschrittenen 18. Jahrhundert dabei nicht allein der monarchische Absolutismus, sondern zunehmend auch der republikanische Totalitarismus im Geist von Robespierre. »Wenn es die Gesetzgebung ist«, betont Constant, »die die individuellen Rechte festlegt, so haben Individuen nur die Rechte, die ihnen die Legislative überlässt.«[44] Ein Teil der menschlichen Existenz aber verbleibe immer im Reich des Individuums und die Gesellschaft dürfe diesen niemals antasten.

Rechte haben

Was an die im 20. Jahrhundert vom deutschen Rechtsphilosophen Gustav Radbruch aufgestellte »Formel« erinnert, nach der Recht ab einem bestimmten Schweregrad zu Unrecht wird, ist nicht weniger als die Überführung des neuzeitlichen Naturrechtsdenkens in die Moderne. Die ehemals gegen Könige vorgebrachten »natürlichen Rechte« des Menschen binden auch ihre Verfechter. Diese selbstreflexive Fortentwicklung der Rechte-Idee gelingt Constant auf Grundlage einer Unterscheidung, die ihm zufolge selbst klügste Köpfe der Aufklärung übersehen hätten: die Unterscheidung zwischen politischer und persönlicher Freiheit. Die Aufklärer, die sich allein an der Antike orientieren, so Constant in seinem Hauptwerk *De l'esprit de conquête et de l'usurpation, dans leurs rapports avec la civilisation européenne* (›Über den Geist der Eroberung und der Usurpation in ihrer Beziehung zur europäischen Zivilisation‹, 1814), könnten zwar viel lernen über das Streben eines Volkes nach Freiheit von Fremdherrschaft, also proto-demokratische Ideen aus diesen beziehen. Doch die »Freiheit der Alten« sei eine gänzlich andere als diejenige Freiheit, die im modernen Zeitalter mindestens ebenso nötig sei, nämlich die Freiheit, nicht nur *kollektiv frei* zu sein und in einer Republik zu leben, sondern *in dieser Republik frei zu sein.* Die Freiheitsrechte des Volkes sind daher zu ergänzen durch Freiheitsrechte der Bürger, allen voran die Freiheit, seine Meinung öffentlich kundzutun.

Die Trennung zwischen persönlicher Freiheit (Rechte) und politischer Freiheit (Demokratie) wird auch heute noch unterschätzt – bei jenen etwa, die »Freiheit« und »Sicherheit« als Gegensatz begreifen. Dabei übersehen sie, dass persönliche Freiheit und Sicherheit zwei Seiten derselben Medaille sind, denn niemand ist frei von oder zu irgendetwas, der fürchten muss, in der Ausübung seiner Freiheit Schaden zu nehmen. Allein *persönliche* Sicherheit/Freiheit und *politische* Freiheit können in einen Konflikt gelangen. Konkret, wenn Menschen Freiheitsrechte aufgeben, weil sie sich in einer Diktatur besser geschützt sehen. Dieser Unterschied wird auch immer dann übersehen, wenn Menschen glauben, schon in einer Diktatur zu leben, wenn ihre Rechte eingeschränkt werden. Nicht nur begrenzen sich individuelle Freiheitsrechte stets durch ihre Universalisierung: Mein Recht endet, wo die Rechte anderer beginnen. Auch können Rechte durch kollektive Güter begrenzt werden, allen voran das Gut in einem funktionierenden (Rechts-)Staat zu leben.

Ohne durch Rechte begrenzte Volksherrschaft würden wir, warnte Constant, »ein willkürliches Maß an Macht in die Gesellschaft werfen, das an sich zu groß ist und das zwangsläufig ein Übel darstellt, in welche Hände es auch immer gelegt wird«.[45] Constant verdankt Einsichten in die prekäre Natur menschlicher Macht nicht allein der praktischen Anschauung, sondern auch der Despotismus-Theorie des Philosophen und Mathematikgenies Nicolas de Condorcet. *Despotismus*, die willkürliche (gesetzlose) Herrschaft über andere, unterscheidet Condorcet dabei von der *Tyrannei*, die er als Verletzung von Menschenrechten definiert. So sei eine demokratische Ordnung zwar weniger anfällig für (direkten) Despotismus, nicht aber gefeit, tyrannisch zu werden. Um das zu verhindern, solle jedes demokratische Gemeinwesen eine Liste an Rechten festlegen, die jedenfalls ein Recht auf Freiheit und Sicherheit, Eigentum und Gleichheit enthält.[46]

Nicht alle teilten diese Auffassung. Anders als von ihren Verteidigern vertreten, würden »natürliche Rechte« nicht vor Willkürherrschaft schützen, meinte etwa der progressive Philosoph Jeremy Bentham. Im Gegenteil, schrieb er in seinen *Anarchical Fallacies* (›Anarchische Fehlschlüsse‹, 1795), seien Rechte selbst Vehikel für Tyrannei, wenn man sie zu unaufhebbaren Gesetzen macht.

Auch Alexander Hamilton etwa äußerte Zweifel, ob die neue, von ihm beworbene US-Verfassung eine zusätzliche Rechteerklärung im Anhang nötig habe. Solche »Aphorismen« würden besser klingen »in einer Abhandlung über Ethik als in einer Regierungsverfassung«.[47] Schließlich könnten Rechte einen »einfärbbaren Vorwand« liefern, die Macht an sich zu bringen. Hamilton hat sich damit nicht durchgesetzt. Nicht nur wurde die US-Verfassung mit der *Bill of Rights* komplementiert; auch ein Höchstgericht, der Supreme Court, wurde zur Wahrung von Grundrechten geschaffen. Sind seine und Benthams Bedenken damit ausgeräumt?

Auch heute fragen sich viele, wo genau die Grenze zwischen der Rechte-*Interpretation* und Rechte-*Kreation* durch Höchst- und Verfassungsrichter*innen liegt. Man denke nur an die weitreichenden Entscheidungen von Menschenrechtsgerichten: Wer befugt ist, zu bestimmen, ob ein Recht auf freie Religionsausübung mit religiösen Symbolen in öffentlichen Gebäuden vereinbar ist oder nicht, oder auch, worin eine »unmenschliche und erniedrigende« Behandlung seitens des Staates vorliegt, ist keineswegs bloß Anwender oder Umsetzer des Gesetzes, sondern ist selbst Mitgesetzgeber. Das erklärt, warum (Menschenrechts-)Höchstgerichte von Bewegungen, die sich – zumindest rhetorisch – auf die Volkssouveränität beziehen, zunehmend auch in westlichen Staaten ins Visier genommen werden. Deutlich trat die Ablehnung etwa des Europäischen Gerichtshofes für Menschenrechte (EGMR) in den vergangenen Jahren im Vereinigten Königreich zu Tage. Sie korrelierte dabei mit Entscheidungen des Gerichts, welche von ihren Kritiker*innen als gegen die Interessen des britischen Volkes gerichtet angesehen wurden, wie etwa die Beinahe-Unmöglichkeit, selbst verurteilte Terroristen auszuweisen. Wir können diese Konflikte durch die Brille der Schlagworte »Rückschlag für die Menschenrechte« oder »Aufstieg des Rechtspopulismus« betrachten und umgekehrt auf Rechtsstaatlichkeit, Werten und Gewaltenteilung beharren. Nur werden wir so die Tragweite dieses unaufhebbaren Konflikts demokratischer Ordnung nicht annähernd erfassen.

Die Frage »Wie viel Macht muss ein *demos* [›Volk‹] haben, um noch als souverän zu gelten?« betrifft keineswegs nur Debatten um Richterrecht und Kompetenz von Höchstgerichten im Verhältnis zur parlamentarischen Legislative. Die Frage einer solchen Gewaltenteilung im weiteren Sinne stellt sich auch an anderen Schnittstellen demokratischer Systeme. Ist ein Volk, das den Gesetzgebungsprozess an Volksvertreter*innen auslagert, noch souverän – oder erliegt es, wie der Rechtsphilosoph Hans Kelsen ausführt, neben der »Illusion der Repräsentation« zugleich der »Illusion der Souveränität«?[48] Das Volk sei in modernen Demokratien genau betrachtet lediglich das Kreationsorgan der souveränen Parlamentsabgeordneten, nicht aber selbst souverän. Trotzdem formulierte er (als einer der Väter) für die österreichische

Verfassung nicht »Alles Recht geht vom Parlament aus«, sondern blieb dabei: Alles Recht geht vom Volk aus.

Kelsen war sich bewusst, dass es sich bei zentralen Begriffen der modernen Demokratie um notwendige Fiktionen handelt. Nur durch das Medium eines Parlaments und des freien Mandats der Abgeordneten, das Vielstimmigkeit zulässt und Kompromiss erforderlich macht, kann der Volkswille am ehesten demokratisch sein. Wenn also heute vermehrt populistische Manöver den ›wahren Willen des Volkes‹ dem Parlament offensiv entgegensetzen, so sollte man kritisch fragen, wer denn dann den Volkswillen verkörpern soll, wenn nicht eine stellvertretende Volksversammlung? Eine etwa noch exklusivere Gruppe, ein von der Vorsehung gesandter Führer vielleicht? Kelsen war daher als tiefüberzeugter, aufgeklärter Demokrat nur konsequent, seine analytische Einsicht in die Illusionen der Demokratie nicht mit der Forderung nach ihrer Überwindung zu verknüpfen.

Die Frage »Wie viel Macht muss ein *demos* haben, um noch als souverän zu gelten?« wird zuletzt auch im Zusammenhang einer Teilung von Souveränität zwischen Volk und Edlen bzw. Experten vermehrt diskutiert. Sollte, wie manche sinnieren, die Souveränität des Volkes in unseren unübersichtlichen Zeiten, die immer mehr Fachexpertise und Weisheit erfordern, nicht besser durch die Souveränität von den Besten ergänzt oder gar ersetzt werden? In *Against Democracy* argumentiert der Philosoph und Wirtschaftsprofessor Jason Brennan zugunsten einer solchen Epistokratie, dass Fachleute zu besseren Ergebnissen gelangen als durchschnittliche Politiker*innen. Demokratie, wie wir sie praktizieren«, schreibt Brennan, sei

> ungerecht. Wir setzen unschuldige Menschen hohen Risiken aus, weil wir ihr Schicksal in die Hände von ignoranten, falsch informierten, irrationalen, voreingenommenen und manchmal auch unmoralischen Entscheidungsträgern legen. Epistokratie könnte in der Lage sein, dieses Problem zu beheben.[49]

Als ›Gegengift‹ zu Bewegungen, die den politischen Mainstream von den Rändern aus unter Druck setzen, sind solche Ansinnen jedoch bedenklich, verstärken sie doch den Eindruck vieler, dass »die da oben« am liebsten ohne Rücksicht auf das Volk schalten und walten würden. Außerdem unterschlägt die Sehnsucht nach einer Technokratie, dass viele und vielleicht die entscheidendsten politischen Konflikte keine Konflikte sind über die Wahl des relativ besten Mittels zur Erreichung eines bestimmten Zieles, sondern dieses Ziel selbst betreffen. Auch die besten Vertreter*innen ihres Faches haben in Sachen Werturteile oder Interessen keine privilegierte Perspektive, denn hier gibt es im strengen Sinne gar nichts zu ›wissen‹. Nur unseriöse Wissenschaftler*innen stolpern in diese Kluft zwischen Sein und Sollen, zwischen beschreibenden und vorschreibenden Urteilen, die David Hume zum ersten Mal in seiner Moralphilosophie aufgezeigt hat. Und nur feige Politiker*innen schützen ihre Entscheidungen vor Kritik dadurch, dass sie so tun, als mache Wissenschaft schon automatisch Politik.

Als Inspiration dafür, dass auch unsere fortgeschrittenen Demokratien keineswegs ein vollendetes Werk darstellen, ist Kritik am Status quo jedoch unverzichtbar. Das gilt für Kritik an der ›Eliten-Demokratie‹ ebenso wie für Kritik an der ›Idioten-Demokratie‹. Solange Menschen leben, sind Neuanfänge möglich. Geänderte soziale und technische Bedingungen erfordern, Demokratie auch im Sinne der Aufklärung als offenen Prozess weiterzudenken und gerade dadurch am Leben zu erhalten. So wie die Aufklärer die Antike nicht einfach kopiert, sondern republikanische Ideen nach den Erfordernissen ihrer eigenen Zeit weiterentwickelt haben, sollten auch wir den Mut haben, unsere Demokratien nicht bloß als Erbe der Aufklärung zu verwalten, sondern uns Fragen der politischen Theorie in größerer Ernsthaftigkeit und auch Gründlichkeit stellen.

Es ist wenig sinnvoll, bloß auf Konzepte zu verweisen und sie als Gegenkonzepte darzustellen, wo sie vielfach nur unterschiedliche Verständnisse derselben politischen Prinzipien darstellen. Und genau über diese geteilten Prinzipien müssen wir uns selbst immer wieder aufklären. Beim Prinzip der Volkssouveränität bedeutet das, zunächst anzuerkennen, dass kein Recht Gottes und auch kein Recht der Natur uns gebieten, wie wir menschliche Belange regeln sollen. Aus dieser Anerkennung unserer radikalen Freiheit im existentiellen Sinne folgt, dass die Begrenzung menschlicher/demokratischer Macht lediglich eine Selbstbegrenzung sein kann.

Dass solche Selbstbegrenzungen wichtig sind, legt die Einsicht nahe, dass Volkssouveränität ein ideales und daher in der Praxis stets verfängliches Projekt darstellt. Menschen, die sich selbst regieren oder auch andere dazu bestimmen, sollten sich im eigenen Interesse vor sich selbst hüten – durch einen Stufenbau der Rechtsordnung (nicht alle Gesetze sind gleich fundamental und ihre Änderungen erfordern konsequenterweise unterschiedliche Anforderungen), durch Gewaltenteilung im engeren Sinne und vielleicht auch durch eine gewisse Gewaltenteilung im weiteren Sinne. Diese Fragen müssen beweglich bleiben. Der Mut, sie nicht zu versiegeln, ist Garantie der Freiheit.

IV. Zusammen leben

Selbstaufklärung tut auch im Zusammenhang mit der Selbstbegrenzung eines souveränen Volkes durch die Verankerung von Grundrechten not. Volkssouveränität und Grundrechte, auch wenn einzelne Rechte aus dem demokratischen Prinzip selbst abgeleitet werden können wie etwa Meinungsäußerungs- oder Versammlungsfreiheit als Ausdruck eines demokratischen Minderheitsrechts, stehen einander in unauflösbarer Spannung gegenüber. Als eigenständige Maßstäbe der Legitimation können sich Demokratie und Rechte deshalb in die Quere kommen. Die entscheidende Frage lautet nicht »Welche Rechte hat der Mensch?«, sondern »Welche Rechte wollen wir, als politisches Volk, Menschen zusprechen (und warum)?« Es ist in der fortgeschrittenen Moderne keine Option, Rechte als Schranken für demokratische Entscheidungen in eine externe Ordnung auszulagern. Die »natürlichen Rechte« der Aufklärungsdiskurse hatten durchaus ihre Berechtigung. Heute sind sie außer als Metaphern politisch letztlich unbrauchbar.

Eine Aufklärung über sich selbst muss verstehen, was das politische Volk als solches eigentlich ist. Denn heute wie damals ist umstritten, wen es eigentlich einschließen und wen es ausschließen soll.

Wer gehört zum Volk?

Es begann mit Studentenprotesten, dann brannten Busse und Autos. Die Unruhen würden sich bald in weiteren Städten ausbreiten – es würde bei Sachschäden nicht bleiben. Der Mob tobte, über zwei Monate kommt Indien nicht zur Ruhe. Religiöse Unruhen kennt die einwohnerstärkste Demokratie der Welt in ihrer Geschichte zur Genüge. Immer wieder bringen sie denselben Grundkonflikt an die Oberfläche: ›Wer sind wir Inder?‹ Das vom indischen Parlament im Dezember 2019 verabschiedete Änderungsgesetz zur Staatsbürgerschaft (*Citizenship Amendment Act*) soll illegal Zugewanderten den Zugang zur Staatsbürgerschaft erleichtern, doch nur dann, wenn sie keine Muslime sind. Das Gesetz wurde als Schutzmaßnahme für religiöse Minderheiten beschrieben, doch Kritiker*innen vermuten dahinter den Wunsch, Indien ›weniger islamisch‹ zu machen. Seit seiner Gründung trägt Indien, seiner säkularen Ausrichtung ungeachtet, den Keim des Partikularen: Die Idee, einen gemeinsamen Staat für Muslime und Hindus (zusammen mit Sikhs und Christen) zu schaffen, scheiterte an partikularistischen Gegenimpulsen. Mit konkreten Folgen – allen voran dem Tod Hunderttausender. 1947 wurde British India entlang religiöser Grenzen in Indien und Pakistan geteilt.

Zwar ist die Republik Indien ihrer Verfassung nach ein bürgerlich-ziviler Staat, sieht also keine Bevorzugung von Staatsbürger*innen einer bestimmten

Konfession vor und verbietet Diskriminierung aus Gründen »der Religion, Rasse, Kaste, Ort oder Geburt« (Art. 15,2). Allerdings ist die auch historisch so bedeutsame Entgegensetzung von Hindus und Muslimen nie gänzlich aus den Köpfen und Herzen vieler Bürger*innen Indiens verschwunden und bietet ein unerschöpfliches Reservoir an politischen Identitätskonflikten. Auf den Punkt gebracht: Wer gehört zum Volk? Oder genauer: Wer gehört ›wirklich‹ zum Volk und wer nur ›scheinbar‹? Diese radikalste Frage des Politischen fällt in die Kategorie *rahmender Zielkonflikte*. Das bedeutet, dass es sich hier um einen Konflikt handelt, der sich auf die Grundordnung eines politischen Gemeinwesens selbst bezieht: Was ist sein Ziel oder Auftrag und wer gehört zum *demos* bzw. welche Bedingungen für Ein- und Austritte soll es geben?

Wir haben die Frage, wer zum *demos* gehört, zusammen mit den republikanischen Idealen der Aufklärung ›geerbt‹. Sie stellt sich nämlich nicht, wo ein Herrscher sein Reich und Einwohner dieses Landes gleich mit dazu als sein Eigentum betrachtet. Wo es Untertanen gibt, gibt es keine Bürger. Untertan ist, wer gehorcht, Untertanen müssen daher den Herrscher (an-)erkennen. Bürger ist, wer zusammen mit anderen politisch handelt. Bürger müssen daher *einander* (an-)erkennen. Bis heute diskutieren Philosoph*innen: Wie kann es das politische Volk als identifizierbares Kollektivsubjekt geben, wenn es sich gerade dadurch konstituiert, dass es sich selbst ähnlich wie im berühmten »Wir, das Volk« der Amerikanischen Unabhängigkeitserklärung anruft? Und was hält das politische Gemeinwesen zusammen? Oder, um es in der klassischen Unterscheidung von Ferdinand Tönnies auszudrücken: Reicht es, dass wir eine *Gesellschaft* sind oder braucht es auch eine Dosis an *Gemeinschaft*? Und ab wann wird Gemeinschaft fatal, wird sie toxisch?

Die Grenzen des politischen Volkes mögen immer schon unabdingbare sein, solange der *demos* und die Menschheit nicht in Eins gesetzt werden, solange es also keinen weltumspannenden Alleinstaat bzw. eine entsprechende Weltregierung gibt. Zunächst offen hingegen sind die Grenzen der Gemeinschaft, die manche zusätzlich für politische Völker bzw. *demoi* statuieren. – So auch immer mehr Akteure der Aufklärung in ihrem fortschreitenden Verlauf. Die Sozialkontraktstheoretiker des 17. Jahrhunderts sind weit stärker darauf aus, Menschen Gründe dafür zu liefern, warum sie politische Gemeinwesen gründen und den Naturzustand meiden sollen, als darauf, wie sie diese Gemeinwesen als konkrete Gemeinschaften anlegen könnten. Um Mitglied eines liberalen Minimalstaates zu sein, reicht es, die Ausübung von Gewalt als Privatperson aufzugeben und die Rechtsordnung zu akzeptieren. Erst, wo diese fraglich wird – etwa durch staatsfeindliche religiöse Identitäten –, werden die von Locke oder Hobbes entworfenen Staaten exklusiv: Für Doppelloyalitäten haben sie keinen Platz. Bis zu dieser Grenze lassen sie ethnische, religiöse und weltanschauliche Unterschiede zu und unterscheiden sich dadurch markant von konfessionell gebundenen Staaten, die immer Bürger zweiter Klasse produzieren, wie auch heute noch islamisch gefasste Staaten. Dieses Misstrauen in ihre Loyalität veranlasste Locke in seinem berühmten *Brief über die Toleranz* (1689) dazu, Katholiken die gleichen Staatsbürgerrechte vorzuenthalten, da er sie – wie mitunter Juden oder Muslime – als ›Gegen-Nation‹ versteht, die den Papst über den englischen (anglikanischen) König stellen würde. In einem kürzlich entdeckten weiteren Schreiben Lockes spricht er im Zusammenhang mit katholischen Christen von deren »gefährlichen und aufrührerischen Grundsätzen bezüglich des Staates«.[50]

Je weiter konkret im Zuge der Amerikanischen und der Französischen Revolution die von den Sozialkontraktstheorien angeleitete Praxis der Neugründung von realen politischen Gemeinwesen fortschreitet, desto stärker widmen sich die politischen Denker der Frage, wer das abstrakte »Volk« in ihrer realen Situation eigentlich ist. Keine andere Idee folgt uns in mannigfaltigeren Schattenbildern bis in gegenwärtige Diskurse wie jene der *Nation*. Im 18. Jahrhundert ist sie aus dem Vokabular der politischen Philosophie nicht mehr wegzudenken. Als am ersten Jahrestag des ikonischen Sturms auf die Bastille im Beisein aller Staatsmänner und auch der Königsfamilie Massen am Marsfeld den heiligen Schwur auf die Nation leisten, hören die Menschen auf, bloß eine Gesellschaft zu sein. In der *Fête de la Fédération* werden sie zur

Gemeinschaft. Geschart um den »Altar des Vaterlandes«, bekennen sie sich zu gemeinsamen Zielen und finden einen Standpunkt, von dem aus sie sich kollektiv verstehen. Dazugehören kann hier längst nicht mehr jeder, der anderen nicht schadet und sich an die Gesetze hält. Dazugehört, wer sich einbringt, wer in dieser sozialen Imagination des Franzosentums aufgehen kann. Nicht dazugehören umgekehrt jene, die es nicht ernst genug nehmen mit der Hingabe an das große Ganze, dieses verbindliche Wir.

Diese Ergebenheit wird existentiell, sobald sich das junge revolutionäre Frankreich im Krieg befindet. Die Einführung der allgemeinen Wehrpflicht 1793 während des ersten Koalitionskrieges gibt dieser Verpflichtung zur Hingabe Ausdruck. Während bei Hobbes noch Staatsbürger ihre Landesverteidigungspflichten an Dritte, sprich: Söldner, abwälzen konnten – und trotzdem nicht weniger Staatsbürger waren –, verlangt die französische Nation, dass loyale Bürger ihr individuelles Selbsterhaltungsrecht in den neuen Gesellschaftsvertrag einbringen.

Die Französische Verfassung von 1793 macht zwischen Juden und Nichtjuden, zwischen Hautfarben und Ständen keinen Unterschied, insofern ist die Gemeinschaft eine immer noch relativ inklusive. Im Zuge der Französischen Revolution werden daher auch Juden die gleichen Staatsbürgerschaftsrechte erhalten. – Ein wegweisender Schritt zur Judenemanzipation, den der deutsche Philosoph Johann Gottlieb Fichte vehement kritisierte. Ganz ähnlich wie Locke in den Katholiken, erblickte Fichte im religiösen Judentum einen »Staat im Staate«.[51] Menschenrechte, so Fichte, sollen Anhänger dieser Gesetzesreligion haben, aber Bürgerrechte nicht.

Anders als Befürworter der bürgerlichen Gleichstellung, wie allen voran Christian Konrad Wilhelm Dohm mit seiner Schrift *Über die bürgerliche Verbesserung der Juden* (1781–83), teilte Fichte nicht die Hoffnung, fromme Juden würden ihren Glauben deistisch reformieren und das Religionsgesetz hinter sich lassen. – Eine Hoffnung, die sich zur Enttäuschung dessen Freunde auch nicht mit dem jüdischen Aufklärer Moses Mendelssohn zu erfüllen schien. In seinem *Jerusalem oder über religiöse Macht und Judenthum* (1783) sprach sich Mendelssohn wie zuvor Dohm zwar für den säkularen Staat aus, der auch Juden die Bürgerschaft ermöglichen kann, beharrte aber auf der Bedeutung des jüdischen Rechts, der *Halacha*, für die jüdische Gemeinde. Es solle zwar in seinen strafrechtlichen Teilen keine Macht mehr haben, müsse aber als göttlich geoffenbartes Normensystem im Gewissen der jüdischen Gläubigen erhalten bleiben. Juden würden Bürger des Staates werden können, aber auch besondere Bürger bleiben. Partikularismus und Universalismus stehen bei Mendelssohn in einer (produktiven) Spannung, die wir heute ganz ähnlich in der Integrationsdebatte bezüglich des Islams wiederfinden.

In Nordamerika ist es der Unabhängigkeitskrieg, der die Sehnsucht nach Gemeinschaft mitträgt. Die

»Patrioten«, die gegen England kämpfen, bilden den Keim der neuen amerikanischen Nation. Wie in Frankreich wird die Zugehörigkeit zum politischen Gemeinwesen nicht mehr (nur) von Grundbesitz abhängig gemacht, sondern vorrangig von der politischen Teilnahme. Die erste Verfassung des – stark von der Weltanschauung der Quäker geprägten – Bundesstaates Pennsylvania ist dafür ein Beispiel: Staatsbürger ist nicht, wer jemand *ist* (oder etwas *hat*), sondern wer etwas *tut*, und das bedeutet in diesem Falle: Steuern entrichtet und Militärdienst leistet. Wie in Frankreich produziert auch die amerikanische Nation Ausgeschlossene, die nicht oder nicht ausreichend partizipieren (können). Das sind nach vorherrschender Meinung Frauen. Sie zahlen selbst keine Steuern, sondern nur indirekt über ihre Väter oder Ehemänner, sie haben ihren Platz im Privaten und überdies ziehen sie nicht in den Krieg. Auch für die amerikanischen Indigenen sowie die versklavten Afrikaner*innen bleibt die neue Nation exklusiv, und zwar zum einen, weil man sich nicht sicher ist, wie loyal die Nationen der Ureinwohner sind – manche kämpfen im Unabhängigkeitskrieg auf Seiten der Briten –, und zum anderen, weil man Afrikanern bestenfalls den Status von Kindern, wenn nicht den von Tieren zuwies. Demokratische Teilnahme war den allermeisten von ihnen somit verwehrt – und dies bis weit ins 19. Jahrhundert.

Die Idee der Nation lässt sich zwar bis ins Altertum zu Religionsstammesvölkern zurückverfolgen, doch erst im Aufklärungszeitalter wird sie zum dritten

Weg zwischen zwei Alternativen, die heute noch gleich lauten wie damals. Das ist zum einen die ›blutleere‹ Koexistenz-Gesellschaft der ursprünglichen sozialkontraktualistischen Staatsform, in der es reicht, nebeneinander zu leben und sein eigenes Glück zu definieren und zu suchen, solange es nur dem Glück anderer Raum lässt. Was das ›wahre Glück‹ gerade auch in Religionssachen sei, das geht den Staat nichts an. Insofern den liberalen Vertragsstaat die persönlichen Überzeugungen der Menschen gar nicht erst interessieren, sondern diese erst dann politisch werden, wenn sie systemgefährdend erscheinen, will dieser Staat auch keine Gemeinschaft anbieten. Das ist nicht sein Zweck. Dieser liegt primär in der Erhaltung der Menschen. *Wozu* sie aber leben möchten, das müssen sich die Bürger*innen eines säkularen Staates selbst aussuchen.

Anders der Konfessionsstaat, der von vollwertigen Bürger*innen verlangt, sich zu einem bestimmten religiösen Glauben zu bekennen – oder zumindest als Angehörige einer tolerierten Minderheit zusätzliche Loyalitätsversprechen zu leisten, wie etwa in Form der englischen *Test Acts* für Nicht-Anglikaner im öffentlichen Dienst. Kritiker wie die republikanische Dichterin und Denkerin Anna Laetitia Barbauld tadelten solche Gesetze scharf und plädierten für einen Staat, der »Vater aller Bürger« sein kann, ungeachtet ihrer religiösen Überzeugung.[52] Dies ist die Idee von staatlicher Säkularität im engen Sinn: Es gibt keine konfessionellen Zugehörigkeitsbedingungen, Gesetze werden nicht von Gott, sondern von den Menschen gemacht, es herrscht Glaubensfreiheit und es fehlt ein über die weltlichen Interessen der Menschen hinausgehendes Staatsziel.

Der dritte Weg der neuzeitlichen Nationsidee will mehr an Gemeinschaft, als ein bloßer ›Selbsterhaltungsclub‹ bietet, und dennoch eine andere Gemeinschaft, als religiöse Gemeinwesen voraussetzen. Wie für alle dritten Wege gilt auch hier: Sie sind oft schwerer zu umreißen, schwingen in polaren Tendenzen. Die Nationsidee des 18. Jahrhunderts stellt eine *Ent-Konfessionalisierung* der Gemeinschaft bei gleichzeitiger *Re-Sakralisierung* dar. An Stelle des jüdisch-christlichen Gottes wacht ein abstraktes »Höchstes Wesen« über das Volk, oder zumindest die »Vorsehung«. Man mag heute den Kult der führenden Revolutionäre in Frankreich belächeln, ebenso die krypto-religiösen Bezüge in den Gründungsdokumenten der Vereinigten Staaten. Oder man erschaudert vor Rousseaus Zivilreligion und ihren totalitären Zügen. Wir können in diesen Gesten aber auch mit Hannah Arendt fehlenden Mut erblicken, die Angst, ohne eine Absicherung in transzendenten Autoritäten, und mögen sie auch noch so unpersönlich und zunächst unverbindlich sein, selbst Schritte in die Moderne zu setzen.[53]

Dritte Wege sind schließlich auch offen für weitere Abzweigungen oder ihnen zusätzlich aufgepfropfte Triebe, allen voran die Idee einer Abstammungsgemeinschaft, wie sie sich unter dem Eindruck der

Evolutionstheorie im 19. Jahrhundert aus der Idee der Nation als politischer Schicksalsgemeinschaft herausentwickeln sollte, und zwar mit allen verheerenden Folgen, die rassische Ideen der »Volksgemeinschaft« für Millionen von Menschen im 20. Jahrhundert bedeuten würden. Je mehr Menschen sich im Zeitalter der Aufklärung nunmehr Nationen zugehörig zählten und je weiter die Suche nach der Eigentlichkeit ihrer kollektiven Verbundenheit voranschritt, desto stärker wurden vermeintliche Unterschiede zu anderen Nationen betont. Nicht alle waren dabei so reflektiert, zu erkennen, wie viel an Erschaffung in der Auffindung des nationalen Bandes steckt. Johann Gottfried Herder war in diesem Sinne ein wahrhaft Aufgeklärter. So sehr er auch die Nation beschwor, so sehr unterstrich er die Illusion ihrer Homogenität. »Was ist eine Nation?«, fragt Herder und gibt als Antwort: »Ein großer, ungejäteter Garten voll Kraut und Unkraut.«[54] Im Sinne von Herder wird Friedrich Nietzsche später von der Nation als einer »res facta« (einem ›Machwerk‹) sprechen, die »mitunter einer res ficta et picta [also einer ›Fiktion und einem Bild‹] zum Verwechseln ähnlich sieht«.[55]

Gemeinschaft ohne Nation?

Heute ist die Charakterisierung von Nationen als »imaginierte Gemeinschaften« ein Gemeinplatz.[56] Und doch sind heute Ideale von politischer Gemeinschaft weltweit vitaler denn je, von Istanbul bis Tel Aviv, von Budapest bis Delhi. Der Schlachtruf von Hindu-Nationalisten »*Bharat Mata ki Jai*« (›Lang lebe Mutter Indien‹) ist sowohl eine brüderliche Umarmung als auch ein ausgefahrener Ellbogen. Denn ihr Indien ist Indien, gerade weil es für Muslime keine gleiche Heimstatt sein darf. Die Idee der Nation ist zunächst eine ontologische, das heißt auf das Seiende bezogene These: ›Hier ist ein Volk‹ bzw. ›Das ist eine genuine Gemeinschaft‹. Zum Nationalismus wird die Idee der Nation, wenn damit ein normativer Anspruch verbunden wird. Je nachdem, wie dieser formuliert wird, lassen sich verschiedene Nationalismen unterscheiden: Da ist zum einen der *Nationalismus der Selbstbestimmung* oder *Selbstbehauptung* (etwa ›Ein Volk darf sich selbst beherrschen‹ oder ›Ein Volk darf seine Interessen vertreten‹), wie er sich insbesondere in der Dekolonialisierung als defensiver Nationalismus gefestigt hat. Der *Nationalismus des Vorranges* wird hingegen mehr oder weniger aggressiv vertreten und kann bis zur ›Untermenschen‹-Ideologie reichen: Alle anderen sind nichts.

Auch hinsichtlich ihres Ausschließungspotentials lassen sich Nationalismen unterscheiden. Am exklusivsten ist der *völkisch-rassische Nationalismus*: Zu einer Rasse kann man nicht übertreten. Anders beim *religiösen Nationalismus* (sollte er sich von ersterem trennen lassen). Der *kulturelle Nationalismus* wiederum macht Zugehörigkeit abhängig von Verbundenheit, Anpassung und nicht zuletzt geteilten

Empfindungen (›Verfassungspatriotismus‹) zu einer bestimmten (politischen) Kultur. Je offener ›Kultur‹ dabei für Ausdeutungen bleibt und auch je stärker eine so vorgestellte Kultur Unterschiede und Diversität zulassen kann, desto inklusiver kann ein solcher Nationalismus sein. Beispiele dafür sind multikulturelle Staaten wie die USA oder auch Singapur und Mauritius, die aus der Buntheit ihrer Staatsvölker Stolz und Zusammenhalt beziehen und eine integrative ›Meta-Kultur‹ propagieren.

Selbst in relativ inklusiven (Einwanderungs-)Staaten ist seit Jahren eine Sehnsucht nach tiefreichender Gemeinschaft wahrzunehmen: ›Kultur‹ wird eng gefasst, unter Umständen auch mit religiösen Inhalten beladen oder mit Abstammung gleichgesetzt. In vielen Fällen wächst diese Sehnsucht aus der Unübersichtlichkeit einer fortgeschritten globalisierten Welt.

Was kann man tun? Es reicht nicht, sich darüber aufzuklären, dass Nationen immer auch Konstruktionen sind. Vielmehr sollten wir auf die Hindernisse blicken, die es Menschen scheinbar unmöglich machen, ohne den Kitsch des Nationalen politische Gemeinschaft zu denken. Die Dimension dieser Herausforderung kann gar nicht überschätzt werden. Denn diejenigen, die zweifeln, dass eine bloß von den Interessen der Individuen ausgefüllte liberale *Gesellschaft* so viel Zusammenhalt bzw. soziale Kohäsion erzeugen kann wie eine *Gemeinschaft*, haben ein schlagendes Argument auf ihrer Seite: Die minimalen Staaten der liberalen Sozialkontraktstheorien waren nie als wirtschaftliche Solidargemeinschaften gedacht. Und in Phasen existentieller Krisen sollten Gesellschaften zumindest auf einige Fundamente und Reservoirs an Gemeinschaft zurückgreifen können, um kollektiv handlungsfähig zu bleiben und ein gemeinsames Ziel anpeilen zu können, das individuelle Selbsterhaltungsinteressen mitunter sogar zu opfern erfordert.

Die heute vor uns liegende Herausforderung besteht somit in einer spezifischen Balance: Wie können wir die liberale Tradition der Aufklärung und damit ihre vergleichsweise inklusiven Zugehörigkeitsbedingungen zu einem politischen Gemeinwesen (»Dazugehören kann, wer mit den Regeln einverstanden ist«) erhalten und gleichzeitig vor illiberalen Angriffen schützen? Und wie können wir gleichzeitig ein gewisses (Mindest-)Maß an Gemeinschaft zulassen oder sogar fördern, das verhindert, dass Beliebigkeit und Eigensinn regieren? Anders ausgedrückt: Wie viel an Kommunitarismus benötigt Liberalismus, um gerade auch in Wohlfahrtsstaaten und pluralen Einwanderungsgesellschaften erträglich zu sein? Um diese Debatten im 21. Jahrhundert zu führen, braucht es Mut auf allen Seiten. Den Mut, die kulturelle ›Heimatlosigkeit‹ derjenigen nachzuvollziehen, die ein Fehlen an Gemeinschaft, ja »Überfremdung« beklagen. Den Mut, diesem Heimweh Grenzen zu setzen, wo es gewaltbereit wird. Den Mut zur Nüchternheit inmitten so mancher nationalen Verkitschung. Und schließlich auch den Mut, das liberale Zugehörigkeitsprinzip ernst zu nehmen: Mit den Grundregeln eines politischen Gemeinwesens einverstanden zu sein, bedeutet wesentlich mehr als bloß die speziellen Gesetze dieses Gemeinwesens zu befolgen. Nicht Parallel-Gesellschaften sollten uns Sorgen machen, sondern *Parallel-Staatlichkeit*, sei sie weltlicher Natur in Form von organisierter Kriminalität oder der Reichsbürgerbewegung oder religiöser Art wie Scharia-Gerichte. Der säkular-liberale Staat der Aufklärung kann grundsätzlich *allen* Menschen politische Heimat sein. Genau deshalb muss er sich vor einigen Gruppen besonders in Acht nehmen.

Und gerade weil der säkular-liberale Staat alle Bürger*innen als gleich anerkennt – ungeachtet ihrer Weltanschauung, solange diese nicht staatsfeindlich ist –, muss er wie kein anderer sicherstellen, dass seine Bürger*innen sich in ihren Unterschieden ertragen. Er muss, und das wusste schon Spinoza, seine Mitglieder dazu befähigen, »dass sie in Harmonie leben können, auch wenn sie offen andere Ansichten unterhalten und widersprechende Meinungen«.[57]

Sich ertragen

Ein halbes Jahr, nachdem Friedrich II. in Preußen den Thron bestiegen hatte, machte sich Voltaire auf den Weg nach Berlin. Die Kutschenfahrt ist lang und beschwerlich, in Westfalen erzwingt ein Schaden am Fahrzeug einen längeren Halt, Voltaire musste ins nächste Dorf reiten, um Hilfe zu holen. Seit vier

Jahren nun schon schreiben sich der 18 Jahre jüngere Friedrich und der Dichter-Philosoph François-Marie Arouet, so Voltaires eigentlicher Name, Briefe. Am Ende ihrer beider Leben würde die Zeit, die ihre Korrespondenz anhielt, fast ein halbes Jahrhundert umfassen. Die Begegnung im November 1740 war ihre zweite und würde nicht die letzte sein, denn zehn Jahre später wird Voltaire fast drei Jahre bei Friedrich leben – und dann flüchten. Ihre Freundschaft hat Höhen und Tiefen, kennt Misstrauen und Verrat ebenso wie Bewunderung und Sehnsucht.

Voltaire verstand Friedrich II. als den personifizierten Philosophenherrscher, einen Mann im Dienste seines Volkes, der diesem Freiheiten schenkt, deren Formulierung und Umsetzung in anderen Ländern noch sehr lange auf sich warten lassen sollten. Allein, des Königs Gefallen am Krieg macht Voltaire bisweilen fassungslos. Friedrich war tatsächlich seit seiner ersten Stunde in jenem Amt, das er von seinem verhassten Vater übernommen hatte, ein Reformer im Sinne aufklärerischer Ideale: So modernisierte er das Rechtswesen und setzte 1740 der Folter zu einer Zeit ein weitgehendes Ende, als sich der Rest Europas noch dieser angeblich so erfolgreichen Beweismethode bediente. Auch die Preußische Einwanderungspolitik setzte Friedrich fort. Seit dem Potsdamer Toleranzedikt 1685 stand (Brandenburg-)Preußen religiösen Flüchtlingen einladend gegenüber. Die vertriebenen französischen Protestanten, die zu Hunderttausenden in Preußen Aufnahme fanden, haben als gut ausgebildete, leistungswillige Handwerker, Landwirte und Händler den Wohlstand des Landes gemehrt.

Für Friedrich war es, noch mehr als für seine calvinistischen Vorgänger, unerheblich, wie oder zu wem oder ob überhaupt seine Untertanen beten, solange sie nur folgsam und dankbar bleiben. Doch hinter der toleranten Haltung des aufgeklärten Monarchen stand auch eine gewisse religiöse Lauheit, die für Gläubige seines Zeichens typisch war. Als Deist war Friedrich wie Voltaire überzeugt, dass es zwar eine unverursachte Ursache allen Seins gebe, aber viel mehr könne man nicht über dieses höchste Wesen sagen, auch nicht darüber, ob es sich überhaupt für uns interessiert. Friedrich unterscheidet zwischen »bürgerlicher« und »geistiger« Religion. Letztere betrifft theologische Fragen im eigentlichen Sinne. Hier ist Friedrich Skeptiker: »Auf diesem Feld sind wir alle blind«, erklärt er in seinem *Fürstenspiegel* (1744).[58] Hingegen stamme die bürgerliche Religion – ein Konzept, das sich bereits bei Spinoza findet – aus »der Rechtschaffenheit und allen moralischen Tugenden«.

Wo Gott dunkel bleibt, soll man sich von theologischen Theorien abwenden und dafür *praktisch* werden, so das Credo des Deismus. In der Ringparabel, wie sie von Gotthold Ephraim Lessing später verarbeitet wird, findet diese Weltanschauung ihre breitenwirksame Vollendung: Die wahre Religion ist keine Frage von Wissen, sondern von Tun. Wahrer Glaube hat die Kraft, »vor Gott / Und Menschen angenehm zu machen«.[59] Damit werden die Folgen von

Glaubensüberzeugungen zum Kriterium für ihre Wahrheit.

Gottes Gesetze sind in keinem Buch zu finden, sondern offenbaren sich vielmehr in der Ordnung der Natur selbst, der kosmischen wie auch der moralischen: Menschenliebe, Geselligkeit, Gemeinsinn wurzeln aus deistischer Sicht in unserer Natur, wenn wir diese nur nicht verraten. Der Hass, allen voran zwischen Menschen unterschiedlicher Glaubensrichtungen, ist für Deisten wie Voltaire und Friedrich nichts weniger als eine Perversion der »natürlichen Religion«, eine *Krankheit*.

Dem *Fanatismus* begegneten Voltaire wie seine Landsleute auf Schritt und Tritt, wenn sie in die jüngere Geschichte Frankreichs blickten: Von der »Pariser Bluthochzeit« 1572 und den Hugenottenkriegen über die Königsmorde durch fanatische Katholiken bis zu den religiösen Säuberungen im Zuge der Aufhebung des Toleranzediktes von Nantes, das, durch den »guten König« Heinrich IV. 1598 gewährt, einen ersten Schritt zum säkularen Staat als Heimstatt aller Bürger setzte.

Mit Voltaire teilte Friedrich die Verehrung für König Heinrich IV. und verfasste für dessen Epos *Henriade* eine Vorrede. Die Gleichberechtigung der Staatsbürger würde, ja müsste, an die Stelle der willkürlichen Duldung von religiösen Minderheiten treten, wie sie in konfessionell gefassten Staatsgebilden seit dem Schisma der Reformation üblich war. Die seit dem Augsburger Religionsfrieden 1555 geltende Formel »*cuius regio, eius religio*« (›Wessen Reich, dessen Religion‹) stellte es dem Herrscher frei, eine für seine Untertanen verbindliche Glaubensrichtung vorzugeben. Denn dem, der sich ihr nicht anschließen wollte, blieb mancherorts bis ins 19. Jahrhundert nur das »Privileg der Auswanderung«. Viele Angehörige von Minderheitskonfessionen und nonkonformistischen Glaubensrichtungen führte ihre Flucht vor Verfolgung und Diskriminierung nach Übersee. Dort hat bereits im 17. Jahrhundert der Geistliche Roger Williams für eine ausnahmslose Duldung Andersgläubiger plädiert, sogar von »Heiden« und »antichristlichen« Personen.[60]

Das Beispiel von Williams zeigt, was vielen Proponenten religiöser Harmonie nur zu bewusst war: Mit einer allgemeinen Toleranz *von oben*, sprich Religionsfreiheit und staatsbürgerlicher Gleichstellung, ist es nicht getan. Es braucht auch eine horizontale Toleranz *zwischen* den Menschen. Sie sollen sich, wenn sie einander schon nicht lieben, dann doch ertragen. Schon Montesquieu wusste, wenn ein Staat Religionen duldet, muss er sie auch zur Duldung untereinander zwingen.[61] Spinoza und Pierre Bayle argumentierten in dieselbe Richtung, letzterer mit einer radikal-skeptischen Grundhaltung, wie sie eben auch dem säkularen Staat ansteht: Was passiert, wenn jede Gruppe sich für rechtgläubig und jede andere für verfolgungswürdig hält? Es droht ein Krieg aller gegen alle, eine »Hölle auf Erden«, wie Bayle das nennt.[62]

Ein Beispiel: Im März 1762 wurde in Toulouse Jean Calas für die Ermordung seines Sohnes mit dem Rad hingerichtet. Berichte über dieses Verbrechen erreichen bald auch Voltaire. Auch er war empört, die offiziellen Hintergründe zu erfahren: Der protestantische Vater habe seinen Sohn getötet, um ihn am Übertritt zum Katholizismus zu hindern. Voltaire wäre wohl auch, wie die meisten seiner Landsleute, nie auf die Idee gekommen, dass er einer Falschnachricht hätte aufgesessen sein können. Denn wahr, wie sich später und auch dank Voltaire herausstellen sollte, ist lediglich, dass Jean Calas einen grausamen Tod gestorben war. Für eine Tat, die er wahrscheinlich nie begangen hat, denn sein Sohn hat wohl Suizid begangen. Erst als er einen Brief des Bruders des vermeintlichen Mordopfers erhält, begann Voltaire zu recherchieren. Er sucht nach den Tatsachen, er beginnt zu zweifeln. Am Ende seiner monatelangen Nachforschungen formuliert er eine Anklage: gegen die Menschen, die in fanatischer Verblendung einen Unschuldigen ermordet und eine Familie zerstört haben. Nur ihr Hass gegen die Protestanten habe die Zeugen falsch aussagen, die Richter blind und die Stadtgemeinde zum Komplizen dieses Komplotts werden lassen.

Die *Affaire Calas* war für den 68-jährigen Voltaire Motivation, den Kampf gegen die geistigen Brunnenvergifter in allen Religionen mit der Feder noch entschlossener zu führen. Im Jahr des Todes von Calas verfasste Voltaire seinen Traktat *Über die Toleranz*, eine Abrechnung mit allen, die diesen Justizirrtum möglich gemacht haben sowie mit jenen, die ein friedliches Zusammenleben von Menschen unterschiedlicher Weltanschauungen verhindern.

Unerträgliches

Voltaire griff nicht allein mit bösem Spott und entlarvender Satire, sondern auch mit quellenbeflissener Bibelkritik an. Wie viele Denker seiner Zeit ist er davon überzeugt: Nur dann, wenn man die Wurzeln religiöser Überlegenheitsansprüche, exklusiver Heilsansprüche, absurder Wahrheitsansprüche und gefährlicher Autoritätsansprüche trockenlegt, wird der Fanatismus zurückgedrängt. Denn das Grundübel liege in der Gewaltinspiration religiöser Lehren.

Voltaire hatte in der kritischen Erforschung der Bibel eine exzellente Lehrmeisterin, nämlich seine Partnerin auf Schloss Cirey, die Marquise du Châtelet, Übersetzerin der Werke Isaac Newtons und selbst eine Physikerin von Rang. Diese ging in ihren (unveröffentlichten) *Examens de la Bible* (›Untersuchungen der Bibel‹) ohne Samthandschuhe an die Wurzeln des christlichen Wahrheitsanspruches. Nicht nur gemessen an Standards naturwissenschaftlichen Wissens ihrer Zeit scheitert die Bibel, befand Gabrielle Émilie du Châtelet, die sich lustig macht über die Genesis, etwa über den göttlichen Befehl an die Sonne, stillzustehen: »Offenbar kannte der Heilige Geist nicht das wahre System der Welt.«[63] Auch modernen ethischen Vorstellungen werde der Gott der Bibel keineswegs gerecht, er sei grausam, lächerlich und gerade kein ›guter Hirte‹. Sie unterstellt Jesus von Nazareth, homosexuell gewesen zu sein, und seinen Jüngern die »Verschwörung der Auferstehung«.

Wie weit darf Religionskritik nun gehen? Gerade, wenn man sie als Mittel zur Erreichung friedlicher Koexistenz einsetzt? Offenbar besteht hier bis heute eine grundlegende Spannung. Mögen auch Christen heute kaum mit Gewalt gegen Urheber von Schmähschriften auffallen, Kritiker*innen anderer Glaubensrichtungen, allen voran des Islams, riskieren weltweit nicht nur ihr eigenes Leben, sondern auch das von Unbeteiligten. Wo nämlich im Zuge von beleidigter religiöser Empfindsamkeit Unruhen ausbrechen können, stellt sich die Frage: Wie viel Verantwortung haben Religionskritiker*innen im Lichte möglicher Eskalationsspiralen für den gesellschaftlichen Frieden?

In seinem Stück *Le fanatisme ou Mahomet le Prophète* (*Mahomet der Prophet*, 1739/41) veranschaulicht Voltaire anhand des historischen Mohammed die These, dass Aberglaube vor allem junge, verführbare Männer zu Mördern machen könne. Aufführungen dieses Dramas, das u. a. kein Geringerer als Johann Wolfgang Goethe ins Deutsche übersetzt und das Adam Smith als eines der besten Stücke Voltaires gelobt hat, sind heute rar. Wenn, dann finden sie mit entschärfenden Überarbeitungen oder unter Protesten statt, wie geschehen in Zürich 2011 und Genf

2005. Voltaire war sich der Schockwirkung des Werkes, über dessen Entstehungsprozess er Friedrich in Briefen auf dem Laufenden hält, bewusst. »Ich weiß nicht«, schreibt Voltaire seinem Freund, »ob auf irgendeinem Theater das Schreckliche je so weit getrieben wurde.«[64] Doch das sei gerechtfertigt durch sein eigentliches Anliegen: aufzuklären und zu erziehen, oder, modern gesprochen, zu deradikalisieren. Die Zuseher*innen sollten angeregt werden, sich zu fragen: »Warum gehorche ich blind Verblendeten, die mir zurufen: Hasset, verfolget, vernichtet den Mann, der dreist genug ist, in obendrein unwichtigen Fragen, die wir nicht begreifen, nicht unserer Ansicht zu sein?« Nicht alle Religionskritiker der Aufklärung waren bereit, ihren Kampf gegen Aberglaube und religiösen Hass so rücksichtslos wie Voltaire zu führen. Der deutsche Orientalist und Philosoph Hermann Samuel Reimarus zog es vor, seine *Apologie oder Schutzschrift für die vernünftigen Verehrer Gottes* gar nicht erst zu veröffentlichen. – Selbstzensur um des Friedens willen. So behielt er für sich, was wir heute alle lesen können, nämlich dass der Rektor der Universität Wismar überzeugt war, »[a]lle die Satzungen Mosis, alle die historischen Bücher enthalten keine Offenbarung eines vernünftigen, geschweige höheren, geschweige seligmachenden Erkanntnisses von Gott und göttlichen Dingen«[65] und dass ihm auch das Leiden Jesu nichts bedeute, denn es »quält vernünftige Menschen nur mit Widersprüchen«. »Lieber«, erklärt Reimarus, »mag der gemeine Hauffe noch eine

Weile irren, als daß ich ihn […] in einen wütenden Religions-Eiffer setzen sollte«. Passagen des Werkes wurden nach Reimarus' Tod von Lessing publiziert und lösten mit dem sogenannten Fragmentenstreit die hitzigste theologische Kontroverse der deutschen Aufklärung aus.

Wir sehen uns heute, wenn wir uns auf die Werte der Aufklärung besinnen wollen, mit einem Dilemma konfrontiert: Einerseits steht Aufklärung für Kampf gegen Fanatismus und damit für Kritik an Religionen, einschließlich ihrer heiligsten Bücher und Propheten. Andererseits war dieser Kampf niemals Selbstzweck, sondern sollte genau das erreichen helfen, was heute wie damals fortwährend bedroht ist, nämlich ein friedliches Miteinander.

Muss dann Religionskritik an diesem Zweck gemessen ihre Grenzen finden? Ein Urteil des EGMR von 2019 weist in diese Richtung. Es bestätigt ein österreichisches Gericht in der Feststellung, dass Äußerungen, die unterstellen, Mohammed sei kein verehrungswürdiger Prophet (weil sein Verhalten dem eines Pädophilen entspreche), eine strafbare Herabwürdigung religiöser Lehren darstellen. Ein solcher Straftatbestand (»Blasphemiegesetz«) sei menschenrechtlich in Ordnung, so das Gericht, denn es ziele ab auf den »Schutz des religiösen Friedens und der Toleranz«.[66] Damit steht das Gericht in der Tradition des Toleranzedikts von Nantes, welches »allen Predigern, Lektoren und anderen, welche öffentlich reden«, verbietet, »irgend welche Worte, Wendungen und Redensarten zu gebrauchen, die darauf abzielen, das Volk zur Empörung aufzureizen«.[67]

Nach dieser Logik aber müsste man auch du Châtelet und Voltaire und viele weitere Köpfe der Aufklärung vor den Richter stellen und aburteilen, würden sie heute zu uns sprechen. Was also tun? Mit formalen Leersprüchen wie »Keine Toleranz der Intoleranz« kommen wir letztlich nicht weiter. Denn dann würde es lediglich darauf ankommen, wer auf Intoleranz lediglich reagiert bzw. wer oder was also zuerst verletzt wurde – was meist kaum zu entscheiden ist. Noch weniger gedient ist mit einer Ausdehnung des Toleranzbegriffs im Sinne einer umfassenden Menschenliebe. Nein, manche Menschen muss man nicht mögen, es genügt völlig, wenn man sie erträgt. Es bleibt uns nicht erspart, uns immer wieder dieselben Fragen zu stellen: Ab wann genau und in welchen Kontexten gefährdet Religionskritik den für heterogene Gesellschaften so essentiellen gesellschaftlichen Frieden konkret? Wie viel ist uns dieser Friede wert, wenn wir dabei über schwere Menschenrechtsverstöße, wie etwa die sexuelle Fremdbestimmung von Mädchen in patriarchalen Religionen (die im Falle des Islams häufig auch durch das Beispiel Mohammeds begründet wird) – hinwegschweigen müssten?

Woher wissen wir überhaupt, ob Religionskritik Fanatismus mit hervorruft oder die Kritik ihn bloß sichtbar macht? Und warum wird Religionskritiker*innen Verantwortung für die Gewalt der in ihren Ehrgefühlen verletzten Gläubigen übertragen, nicht aber deren religiösen Lehre(r)n, die doch erst zur Gewalt ermuntert haben? Der sei doch selbst schuld, dachten nicht wenige, als Theo van Gogh 2004 in Amsterdam von einem Fanatiker erstochen wurde, nachdem er mit der Islamkritikerin und Ex-Muslimin Ayaan Hirsi Ali den Kurzfilm *Submission* produziert hatte, ganz zu schweigen von den Reaktionen darauf, als die Redaktion von *Charlie Hebdo* 2015 zur »Strafe« für Mohammed-Karikaturen quasi ausgelöscht wurde. Sich ertragen, bis zu welchem Grad? Frieden, um welchen Preis? Wie will man mit einem Menschen zusammenleben, fragte schon Voltaire, »der euch sagt, er gehorche lieber Gott als den Menschen, der also zwangsläufig gewiß ist, den Himmel zu gewinnen, wenn er euch erstickt?«.[68]

V. Mensch sein

Neujahr 2020. Im zentralpazifischen Kiribati feiert man den Beginn des neuen Jahrzehnts – als Erste. Von Ost nach West werden immer mehr Menschen auf dem Globus folgen, als Nächste die Einwohner von Samoa. Was begrüßen die Menschen, was erwarten sie von der Zukunft? Wie andere Staaten ist auch Kiribati vom ansteigenden Meeresspiegel bedroht. Bei voranschreitender Erwärmung der Erdatmosphäre und Abschmelzen der seit ca. drei Millionen bzw. vierunddreißig Millionen Jahren vergletscherten Polkappen könnte der aus 32 Atollen bestehende Inselstaat am Ende dieses Jahrhunderts weitgehend unbewohnbar sein.

Niemand weiß heute, wie lange oder auch wie kurz Menschen auf dieser Erde gelebt haben werden. Werden wir nur ein Gastspiel geben oder wird unser Anthropozän, das Zeitalter des Menschen und seines Einwirkens auf die Welt, noch Jahrtausende währen? Millionen Jahre gar? Vielleicht bis zum Erlöschen der Sonne? Oder sogar darüber hinaus, wie sich manche mit Blick auf möglicherweise bewohnbare Planten anderer Sonnensysteme in den Weiten des Alls erträumen? Und wie werden sich Menschen nach den Gesetzen der Evolution verändern? Wird die Art, die als einzig bekannte bisher Methoden der biologischen Züchtung beherrscht, sich dieser Methoden auch in Hinblick auf sich selbst bedienen und falls ja, in welcher Form, zu welchen Zwecken? Werden wir uns selbst optimieren, wie manche Transhumanisten erhoffen, oder werden wir Mittel zur Veränderung unserer eigenen Art aus Angst vor unkontrollierbaren Risiken oder anderen ethischen Skrupeln bewusst *nicht* einsetzen? Oder sollten wir, wie Anhänger der ›Bewegung zur freiwilligen Selbstauslöschung‹ (*Voluntary Human Extinction Movement*) entschlossen argumentieren, am besten uns selbst aussterben lassen – zum ›Wohl‹ der nicht-menschlichen Natur?

Das Fortleben der Menschheit wird nicht nur davon abhängen, inwieweit es uns gelingt, das Weltklima zu beeinflussen oder die Folgen seiner Veränderungen auf andere Arten zu bewältigen. Auch Krankheiten bedrohen uns ständig. Als nach Kiribati in Samoa das Neue Jahr begrüßt wird, haben die Inselbewohner*innen gerade die schlimmste Masernepidemie ihrer jüngeren Geschichte hinter sich. Unter Kontrolle gebracht wurde der Ausbruch mit Lockdown-Maßnahmen, Ausgangssperren und (Pflicht-)Impfungen. Ende Dezember lag die Durchimpfungsrate bei über 90 Prozent. Masern dürften für Samoa so rasch kein Problem mehr sein. Doch bereits drei Monate später werden sie sich, so wie der Rest der Menschheit, einer erneuten Seuchengefahr gegenübersehen, die zum prägenden Ereignis einer ganzen Generation in allen Teilen der Welt werden dürfte. Am letzten Tag des Jahres 2019 meldet die Volksrepublik China der Weltgesundheitsorganisation (WHO) der Vereinten Nationen das Auftreten eines neuen Krankheitserregers in der Metropole Wuhan. Noch ist (offiziell) nicht von einer Mensch-zu-Mensch-Übertragung die Rede, doch die Ausmaße dieses Ausbruchs einer Seuche werden nach und nach sichtbar. Ende Januar wird die WHO den weltweiten Notfall für öffentliche Gesundheit ausrufen.

Mensch zu sein bedeutet, verletzlich zu sein. Abhängig von Umweltbedingungen, die wir nicht vollends kontrollieren können. Und nicht zuletzt: abhängig voneinander. Und dies in einem Ausmaß wie keine Generation vor uns.

Verletzlich sind die Menschen aber nicht allein durch Naturgefahren, sondern auch durch sich selbst, konkret durch Entscheidungen bzw. Fehler Einzelner, die an allen Punkten der Welt gefühlt werden. Das zeigt nicht nur die gegenwärtige Pandemie, sondern nicht zuletzt intentionale Gewalt zwischen Gruppen, also Krieg. Dieser hat für die Menschen im Atomzeitalter ein Potential erreicht, das bis zur Möglichkeit der vollständigen Selbstauslöschung reicht. Ob Menschen auf diesem Planeten weiterhin leben sollen, ist keine theoretische Frage mehr, seit Menschen die Kernspaltung beherrschen. Werden Hiroshima und Nagasaki alleinstehende Warnungen vor der atomaren Apokalypse, werden sie abolute Ausnahmen bleiben – *für immer*?

Bevor die Welt in den Pandemie-Modus verfällt, wird die globale Aufmerksamkeit am 3. Januar 2020 auf die Islamische Republik Iran und die Vereinigten Staaten von Amerika gelenkt. In der gezielten Tötung eines iranischen Generals durch eine unbemannte

Drohne lag für wenige Tage ein Eskalationspotential, das den sich über Jahre verschärfenden Konflikt zwischen den beiden Staaten (und ihren Verbündeten) schlagartig in einen ausgewachsenen Krieg mit unkontrollierbaren Folgen hätte verwandeln können. In einer Region, die von Kriegen bereits wie kaum eine zweite verwüstet ist.

In Seuchen, Kriegen und Naturkatastrophen sind wir mit den Menschen, die vor uns gelebt haben, tiefer verbunden, als uns oft bewusst ist. Wie sie stehen wir vor denselben ›ewigen Fragen‹: Woher kommt das Leid in der Welt? Hat das alles seinen Sinn?

Da ist niemand

Bis nach Cádiz und Marokko reichte die Zerstörung, Tausende starben, als am Allerheiligentag 1755 zweihundert Kilometer vor der Küste Portugals die Erde bebt – mit einer Stärke, so schätzt man heute, von bis zu Stufe neun auf der nach oben offenen Richterskala. Am stärksten betroffen war Lissabon mit 30 000 Opfern. Nach den ersten Erdstößen eilten viele noch zum Hafen und staunten, wie sich das Meer weit hinaus zurückzog. Und wie der Tsunami in mehreren Wellen in die Stadt schoss. Verschont wurde vorerst nur, wer sich auf einer der Anhöhen der »Stadt der sieben Hügel« befand. Nach dem Wasser kam das Feuer. Aus den zum katholischen Feiertag tausendfach in Kirchen und Häusern angezündeten Kerzen entstanden Flammenwalzen, die bis zu dreißig Meter hoch loderten. Fast alle Gebäude der Stadt wurden zerstört.

Die Nachricht von der Katastrophe verbreitete sich rasch in ganz Europa und führte zu einer Debatte über das ›Große Warum‹. Warum konnte dieses Unglück geschehen? In einem katholischen Land unter der Herrschaft eines katholischen Monarchen und der Heiligen Inquisition, an einem katholischen Feiertag? Hat Gott diese Menschen bestraft, und wenn ja, wofür? Welche Zeichen stecken in dem Ereignis, was ist sein tieferer Sinn?

»Lissabon ist ruiniert, und man tanzt in Paris«, klagt Voltaire in seinem »Gedicht über das Desaster von Lissabon« und wendet sich gegen diejenigen, die in all dem Unglück immer noch irgendetwas Gutes wie etwa wirtschaftliche Vorteile für nördliche Regionen zu finden erhoffen. Auch die Erklärung eines Gottesurteils weist Voltaire zurück: Welche Verbrechen hätten denn die Kinder begangen haben sollen, die in diesem Unglück starben? Die Vorstellung einer Gottheit, die – wie in der Bibel – Kollektivstrafen verhängt, lehnt er strikt ab. Offenbar kümmere sich der Schöpfer überhaupt nicht besonders um das Menschengeschlecht. Von einer Bevorzugung, ja einer speziellen Würde des Menschen sei nichts zu sehen. Die Natur ist stumm, lautet Voltaires Fazit: »*La nature est muette.*«

Seine Entmutigung ist dabei nicht aufgesetzt, denn Voltaire ist wie viele vom Erdbeben in Lissabon zutiefst erschüttert. Hatte er denn nicht im innersten Winkel seines Philosophenherzens gehofft, dass die Ordnung der Natur nach physikalischen Gesetzen, wie von Isaac Newton pionierhaft beschrieben, zugleich Gesetze moralischer Natur umfasst? Dass sie von einer wenn schon nicht persönlichen Gottheit, so doch von einer nicht gänzlich teilnahmslosen, ja zynischen Kraft durchwaltet wird? Voltaire zählte zu jenen Newtonianern, die dessen Weltmodell ebenso wie dieser selbst als Bestätigung dafür interpretierten, dass ein Schöpfergott, ein unbewegter Beweger, alles durchdringt. Denn Newton pochte darauf, dass sein Gravitationsgesetz nicht in den materiellen Objekten selbst ruhe, sondern eine immaterielle Kraft beschreibe. Diese wiederum verweise auf einen ›Designer-Gott‹. So spekulierte Newton, der Raum und Zeit für absolut hielt und dafür von Gottfried Wilhelm Leibniz kritisiert wurde, der Raum selbst sei gar das Sinnesorgan Gottes. Jene, die *mit* Newton *gegen* Newton dachten, hielten solche metaphysischen Behübschungen der Physik für unangebracht. Zu Voltaires Verdruss zählte zu diesen dann auch seine Émilie du Châtelet. Die Newton-Koryphäe stellte sich auf die Seite Leibniz' und war überzeugt, die Natur lasse sich gänzlich ohne permanent tätige göttliche Kräfte erklären.

Und doch wurde Voltaire der Gedanke, dass die Welt an sich gut sei, mehr und mehr suspekt, ebenso der Gedanke, dass sie dem Guten zustrebe. Und dass sie die »beste aller Welten« sei, weil Gott letztendlich das Beste für uns will, auch wenn es vorübergehend nur als Gutes oder gar Schlechtes in Erscheinung tritt (wie Leibniz in seinen Essays über die *Theodizee* 1710 behauptete), erschien ihm geradezu grotesk. Candide, so erzählt Voltaire in seiner gleichnamigen Novelle, ist ein junger Mann, der dem Leben mit einer gesättigten Naivität entgegentritt, die noch gefördert wird durch einen Guru, dem Candide hörig ist. Dieser Philosoph lehrt ihn, ganz im Sinne der prästabilisierten Harmonie von Leibniz, dass »alles zum Besten bestellt ist«.[69] Mit grausamen Schicksalsschlägen und erschütternden Biographien konfrontiert, verliert Candide auf seiner Reise durch die Welt schließlich seinen Optimismus. Brutalität, Kriege, Sklaverei bei Christen und Muslimen, Krankheiten, gegen die Mediziner machtlos sind, lassen ihn bald fragen: »Ach, beste aller Welten, wo bist du?«

Der Optimismus ist keine Option, so lehrt diese Erzählung und führt Alternativen vor Augen, etwa ein manichäisches Weltbild. Eine gute Kraft oder Gottheit ist für das Gute verantwortlich, eine dämonische für das Übel. Voltaire lässt diese Möglichkeit links liegen. Ebenso den unproduktiven Fatalismus, der erst gar keine Fragen stellen will, weil der Mensch ohnehin nichts ausrichten, geschweige denn verstehen könne. Am Ende steht die Einsicht Candides, dass das Heil des Menschen nur in einem *produktiven* Indifferentismus liegt: »Arbeiten wir, ohne zu philosophieren.« Voltaire füllt das ›Große Warum‹ mit Tätigsein und Geselligkeit – am Schluss lebt Candide mit den Seinen in einer Kommune.

Selbst wenn Gott nicht greifbar sein sollte und auch der Deismus (der voraussetzt, dass Gott sich nach der Schöpfung nicht mehr in die Dinge der Welt einmischen könne) an der Theodizee-Frage verzweifelt, müsse man an einer intelligenten geistigen Ursache allen Seins dennoch festhalten. Hier hält es Voltaire mit Locke und vielen Aufklärer*innen: »Gott wegzunehmen, selbst nur in Gedanken, löst alles auf.«[70] Wie groß die Furcht vor der Auflösung aller gesellschaftlicher und moralischer Ordnung durch areligiöse Weltanschauungen ist, zeigt sich an Benjamin Rush, einem der Gründerväter der Vereinigten Staaten. Er bekannte: »Lieber sehe ich, dass unserer Jugend die Lehrmeinungen von Konfuzius oder Mohamed eingegeben werden, als dass ich sie gänzlich ohne ein System religiöser Prinzipien aufwachsen sehe.«[71]

Das Voltaire'sche Motto »Wenn es Gott nicht gäbe, müsste man ihn erfinden«, stellte für andere jedoch einen Verrat an der eigenen Erkenntnis dar, wurde als ein Zeichen von Schwäche interpretiert. Der Skeptiker David Hume fährt mit seinen *Dialogues Concerning Natural Religion* (*Dialoge über natürliche Religion*, 1779) den Deisten in die Parade. Postum veröffentlicht, argumentiert er darin, dass es neben der Hypothese, alles gehe auf einen (›Uhrmacher‹-)Gott zurück, alternative plausible Erklärungen gebe: So könnten mehrere Gottheiten am Werk sein und ebenso die Materie selbst die einzige Ursache darstellen.[72] Auch überraschend moderne kosmologische Hypothesen stellt Hume in den Raum, etwa dass irdisches

Leben von einem Kometen auf die Erde übertragen worden sei. Wir seien schlicht zu klein und unwissend, um das Universum zu durchblicken. Nichts erlaube uns, von menschlicher Intelligenz auf eine göttliche Intelligenz zu schließen. Die Gottesbilder der Menschheit seien allesamt, schreibt Hume an anderer Stelle, nichts weiter als »spielerische Launen von Affen in Menschengestalt«.[73]

Diese Hypothese, dass die Natur aus sich selbst existiert, ganz ohne göttlichen Geist, verfolgen die französischen Materialisten und stellen sich damit gegen abrahamitische und deistische Gläubige. Von Voltaire scharf kritisiert, füllen sie das ›Große Warum‹ mit Nichts, genauer: mit einer stummen, blinden Materie, auf die sich alles zurückführen lässt, sogar der scheinbar so erhabene menschliche Geist. Geordnet zwar, bleibt die Natur dennoch indifferent uns Menschen gegenüber, verweigert uns einen privilegierten Status und formt uns, wie sie uns deformiert. Keiner hat ihre Thesen so ungeschminkt vorgetragen wie der Philosoph und Arzt Julien Offray de La Mettrie. Sein Werk *L'homme machine* (*Die Maschine Mensch*, 1747) hat er zwar anonym veröffentlicht, doch selbst aus dem vergleichsweise liberalen Holland musste er deshalb fliehen. Er fand Asyl am Hof Friedrichs, wo der Radikale auch verstarb. In seiner Schrift begeht der damals 38-Jährige mehr als nur ein Sakrileg: Er spricht sich aus für sexuelle Befreiung, verneint die Notwendigkeit von Religion und legt die Verwandtschaft von Mensch und Menschenaffe nahe.

La Mettrie denkt den Menschen als Maschine. Das ist eine anthropologische Revolution, denn nach Descartes sind zwar Tiere im weitesten Sinne Maschinen, bloße *res extensa*, der Mensch aber ist über sie als *res cogitans*, als denkendes Wesen, erhaben. Diese kategorische Trennung, die bereits Bayle in seinem Bestseller, dem *Historischen und kritischen Wörterbuch* (1694–97), hinterfragt, ist für den anatomisch kundigen La Mettrie falsch, eine Täuschung. Zwischen Geist und Körper gebe es zu viele Wechselwirkungen, um von einem Dualismus ausgehen zu können. Alles ist Eins – und nach seiner Auffassung gerade nicht Geist, sondern Materie. Gemäß dieser »materielle[n] Einheit des Menschen« verneint er dann auch jeden entscheidenden Unterschied zwischen Tieren und Menschen, ja sogar zwischen Menschen und Pilzen oder Pflanzen. Selbst unsere Moralfähigkeit sei von materiellen Bedingungen abhängig: »Wir halten uns für rechtschaffene Menschen und sind es doch nur, solange wir heiter und beherzt sind; alles hängt davon ab, wie unsere Maschine zusammengesetzt ist.«[74]

Ein weiterer materialistischer ›Skandalautor‹, Claude-Adrien Helvétius, schleuste seine Schrift *De l'esprit* (*Discurs über den Geist des Menschen*, 1758) auf wundersame Weise zunächst durch die Zensur. Doch gerade dieser Umstand entfachte eine Affäre um seine Person und den königlichen Hof, an dem er als Kammerherr der Königin verkehrte. Schließlich wurde die Druckerlaubnis nachträglich entzogen, Helvétius war gezwungen zu widerrufen. Der Philosoph, dessen

Gattin Anne-Catherine eine der großen *Salonnières* ihrer Zeit war, beschreibt alle Menschen ausnahmslos als ›Naturprodukte‹, die demselben Trieb zu Selbsterhaltung und Lustgewinn unterworfen sind.

Gleichfalls anstößig für traditionelle Vorstellungen war das unter Pseudonym veröffentlichte *Système de la nature ou des loix du monde physique & du monde moral* (*System der Natur*, 1770). Es stammt aus der Feder des Baron Paul-Henri Thiry d'Holbach, in dessen Pariser Salon die berühmtesten Persönlichkeiten Europas über Jahrzehnte ein- und ausgingen. Der Philosoph, Enzyklopädist und Übersetzer Humes versteht die Natur als allesdurchdringende Ordnung nach wissenschaftlich beschreibbaren Gesetzen. Alles ist von Bewegung und Anziehung mechanisch organisiert und aus Atomen aufgebaut. Für ein geistiges Prinzip wie einen Schöpfergott ist in seinem System keine Notwendigkeit. Damit widerspricht er nicht nur den traditionellen Religionen, sondern auch dem Spinozismus, der zwar die Unterscheidung zwischen Geist und Stoff aufhebt, am Ende aber eine geistig-göttliche Natur vorstellt.

»Der Mensch«, so d'Holbach, »ist das Werk der Natur, er existiert in der Natur, er ist den Gesetzen der Natur unterworfen, er kann sich nicht von ihnen befreien [...].«[75] Diese Natur ist ein organischer Mechanismus: Sie ist ein großes, unerschaffen-ewiges Ganzes, »eine immense, ununterbrochene Abfolge von Ursachen und Wirkungen«, die niemals still steht. D'Holbach vertritt ein streng deterministisches

System, in dem der Mensch keine Sonderstellung behaupten kann. Er hat keinen wahrhaft freien Willen, er strebt nach Glück, weil er muss, und verfällt schlussendlich doch zu Staub. Sich für etwas Besonderes zu halten, steht dem Menschen nicht an: »O Mensch! [...] Es bedarf nur eines winzigen Zufalls, eines einzigen verschobenen Atoms, um dich umkommen zu lassen, dich zu erniedrigen, um dir diese Intelligenz, auf die du so stolz zu sein scheinst, zu entreißen!«

Wenn Nietzsche später die kulturgeschichtliche These vom Tode Gottes formuliert, hat er diese naturalistischen Theorien vor Augen. Da ist niemand. Zumindest niemand, den man anrufen, der erlösend eingreifen oder irgendein gutes Ende versprechen könnte. Die Welt ist zwar nach Gesetzen geordnet, doch der Gesetzgeber hinter der Welt verschwimmt zusehends. Und immer undeutlicher wird, was diese Ordnung der Natur darüber aussagt, wie wir leben sollen.

Wir mögen heute die Ordnung der Natur im ›Großen und Ganzen‹ verstehen, aber noch längst nicht im Größten (Astrophysik) und im Kleinsten (Teilchenphysik). Im Lichte der modernen Evolutionstheorie stellt sich die Frage nach der ihm zugedachten Position für den Menschen im Kosmos in verschärfter Form. Von Charles Darwin aufbauend auf früheren Vererbungshypothesen entwickelt, wie sie bereits im 18. Jahrhundert vertreten wurden, lässt die Evolutionstheorie wenig Raum für eine ›objektive‹ oder

›tiefere‹ Bedeutung der menschlichen Lebensform. Denn welchen überragenden Sinn könnte die Existenz einer Spezies haben, die ihr Werden einem Massensterben von Reptilien vor 66 Millionen Jahren verdankt? Angenommen, dass der Geschichte ein Ziel innewohnt, das uns mitumfasst: Was soll dann dieses lange ›Vorwort‹ zur ›großen Erzählung‹ der Menschheit? Und welches ›Ziel‹ könnte je am Schlusspunkt einer fortlaufenden Evolution nach den kalten Gesetzen der natürlichen und sexuellen Selektion und sprunghaften Mutation stehen?

»Da ist niemand« ist die größte Kränkungserfahrung einer Spezies, die so gerne Darsteller wäre in einem Stück, das nicht einmal gut ausgehen müsste, solange es ein Wesen gibt, das Regie führt. Das etwas will. Damit wir wollen können. Die oft ans Wahnhafte grenzende Gewissheit mancher Zeitgenoss*innen, sinistre Figuren hätten die Fäden der Welt in der Hand, mag verschiedene Ursachen haben. Vor allem spricht aber deutlich die Sehnsucht nach einem festen Halt und Kontrolle aus ihr. Der Nihilismus, schreibt Nietzsche, ist ein psychischer Zustand, der eintreten muss, »wenn wir einen ›Sinn‹ in allem Geschehen gesucht haben, der nicht darin ist: so daß der Sucher endlich den Muth verliert«.[76] Wie die französischen Materialisten warnt Nietzsche den so aufgeklärten, enttäuschten Menschen davor, in Illusionen zu flüchten, in jede Form von Wunschdenken.

Einen solchen Mut zur Ernüchterung, zur Desillusion zu haben, bedeutet nicht nur, traditionelle religiöse Erzählungen zu entmystifizieren, sondern auch die Natur. Ja, die ›Natur‹ ist groß und nötigt uns Ehrfurcht ab. Doch wir sollten sie nicht verkitschen, etwa indem wir annehmen, sie sei gut und gerecht, strafe und räche, sende Botschaften an uns und wolle etwas von uns. Ob Pandemie oder Klima: Die Projektion menschlicher Eigenschaften in die Natur, ihre Anthropomorphisierung, bleibt ein kindliches Unterfangen. Es stimmt, dass menschliches Handeln weiter in die Natur eingreift als jemals zuvor, mit immensen Schadfolgen für nicht-menschliche Tiere und Ökosysteme. Schon in der frühen Neuzeit führte der Bedarf nach Holz für den Schiffsbau zu Entwaldung weiter Landstriche, die aus der Aufklärung entstehende Industrialisierung brachte (ungleichen) Wohlstand auf Kosten verschmutzter Gewässer, Böden und Luft. Die Natur ist ein Organismus, dem wir nicht gegenüberstehen, sondern in den wir eingeflochten sind. Wir tun also gut daran, sie zu hüten und damit uns selbst.

Die Gefahren zu beherrschen versuchen, die in der Natur gegen menschliches Überleben angelegt sind, gelingt jedoch nur mit einem ›aufgeklärten‹ Naturverständnis. Das Erdbeben von Lissabon war nicht nur eine Katastrophe, es war auch der Anstoß für die moderne Erdbebenforschung. In der Aufarbeitung des Unglücks ließ der Erste Minister Portugals, der Marquis de Pombal, Fragebogen an alle Gemeinden senden, um Daten zu sammeln und darauf aufbauend mehr über diese verheerenden Naturkräfte zu lernen.

Und es gibt andere Probleme: Zu Lebzeiten Voltaires und d'Holbachs bevölkerten geschätzt siebenhundert Millionen Menschen den Planeten. Und bereits damals diskutierten Philosophen und Ökonomen wie William Godwin und Thomas Robert Malthus über die Möglichkeiten und (ethischen) Grenzen der Bevölkerungsreduktion. Malthus' sozialdarwinistische ›Rezepte‹ – neben sexueller Enthaltung empfahl er Bevölkerungsbegrenzung durch Hunger – erscheinen heute als barbarisch, ja antithetisch zum aufgeklärten Humanismus. Aber bereits Godwins Kritik an Malthus zeigt: Man muss nicht mit seinen ›Lösungen‹ einverstanden sein, um das Problem anzuerkennen. Eine Zwei- bis Drei-Kind-Politik, so lautete Godwins Vorschlag. Heute, nicht einmal dreihundert Jahre später, nähern wir uns der achten Milliarde. Wie viele Menschen werden aufgeklärt sein und den Mut haben, mit dem Philosophen Philip Cafaro die Einsicht zu beherzigen, dass die Verkleinerung des ökologischen Fußabdrucks des Menschen untrennbar verbunden ist mit Verringerung der Anzahl der Füße?[77]

Zu glauben, die Menschen wären mit der Natur in einem großen Sinnzusammenhang aufgehoben, hat zwar auch viele Denker*innen der Aufklärung noch gewärmt. Doch wie viele Menschen haben heute den Mut, von solcherlei *Sinnsuche* zur *Sinnstiftung* überzugehen? Zu bekennen: Was auch immer im menschlichen Sein von Bedeutung ist: Wir haben diese Bedeutung nicht vor- oder aufgefunden, sondern erzeugen sie täglich aufs Neue, nehmen sie wieder weg, verhandeln sie untereinander. Das gilt auch für die Idee der Menschenwürde. In der Renaissance pessimistischen christlichen Menschenbildern entgegengesetzt, die des Menschen Erbsünde und Unvollkommenheit betonten, ist die Würde des Menschen heute zu einer moralischen Generalformel aufgestiegen. In der Philosophie der Aufklärung war es Immanuel Kant, welcher die »Würde der vernünftigen Kreatur« ins Herz seiner praktischen Ethik gesetzt hat.

Anders als im Fall von Schöpfungstheologien, in denen der einzigartige Wert des Menschen von Gottes Zuwendung abgeleitet wird und der Mensch in der Anerkennung seiner Würde diese Zuwendung spiegelt – ein Grund dafür, dass diese Würde eine relative Würde bleibt –, unterbreitet Kant eine säkulare Begründung der Menschenwürde. Der besondere Wert des Menschen rührt bei Kant von der menschlichen Fähigkeit der Selbstgesetzgebung her. Sich selbst Regeln zu geben, die universalisierbar, also für alle gleich verträglich sind, und sich selbst aus Einsicht in ihre Richtigkeit an diese Regeln zu halten, ist für Kant Ausdruck unserer menschlichen Freiheit, die es eben darum wertzuschätzen gelte. Niemand, auch nicht die Natur, setze dem Menschen Ziele. Die Natur verfolge höchstens ihre eigenen Zwecke, die nicht automatisch unsere sein müssen.

Andere Menschen daher darauf zu reduzieren, inwieweit ich sie für meine Zwecke einspannen kann, sie zu Mitteln zu machen, verletzt, so Kant, ihre Menschenwürde. So formuliert er seinen kategorischen

Imperativ auch eigens zusätzlich in der sogenannten Selbstzweck-Formel: »Handle so, daß du die Menschheit sowohl in deiner Person, als in der Person eines jeden andern jederzeit zugleich als Zweck, niemals bloß als Mittel brauchst.«[78] Genau genommen liegt die Quelle der Menschenwürde damit bei Kant bzw. denen, die ihm darin folgen, selbst: *Sie* schätzen den Menschen aufgrund seines Vermögens, verantwortungsvoll frei zu sein. So ist denn auch diese Würde eine relative, abhängige – zwar nicht abhängig von Gott, doch abhängig von uns selbst. In der (jahrhundertelangen) Diskussion um die Würde des Menschen gibt es keine externe Zuhörerschaft, keinen allweisen Schlichter, betont der Philosoph George Kateb: »Die Menschheit spricht zu sich selbst über sich selbst, sie beurteilte sich selbst, sie erfindet die Fragen und Antworten, sie alleine kümmert sich um Menschenwürde.«[79]

Aber ist der Mensch auch frei oder doch nur eine »aufrecht kriechende Maschine«?[80] Und kann der Mensch verantwortungsvoll frei sein? Oder genauer: Können das *alle* Menschen? Gibt es nicht zahllose Beispiele von Mitgliedern unserer Spezies, die dieser Würde nicht gerecht werden, ja sie in anderen auf das Gröbste verletzen?

Verbrechen und Strafe

Im März 2020 fanden in Den Haag die Schlussplädoyers in einem Verfahren statt, das Beobachter erschüttert, aber auch zum Zweifeln gebracht hat. Die Beweise gegen Dominic Ongwen sind erdrückend, doch kann er für seine Taten überhaupt verantwortlich sein? Der heute 45-Jährige wurde im norduganischen Dorf Coorom geboren und offenbar als Jugendlicher auf dem Schulweg entführt und in Folge als »Kindersoldat« herangezogen. Er teilte damit ein Schicksal tausender anderer junger Mädchen und Jungen, die von der »Widerstandsarmee des Herrn« (LRA) versklavt und zu für Außenstehende unvorstellbaren Verbrechen instrumentalisiert wurden, durch Gewalt, aber auch tief verankerte okkulter Glaubensvorstellungen. Ongwen stieg in der Terror-Guerilla, die als ihr Ziel die Errichtung eines christlichen Gottesstaates vorgab, rasch bis zum Brigadeführer auf. Seit 2005 wurde er vom Internationalen Strafgerichtshof (ICC) gesucht, der 1998 von zunächst 76 Staaten eingerichtet worden war und vier Jahre später seine Tätigkeit aufnahm. Erst 2015 konnte er in der Zentralafrikanischen Republik festgenommen werden, er hatte sich überraschenderweise ergeben. Der ICC warf ihm in 70 Fällen Verbrechen gegen die Menschheit/Menschlichkeit (crimes against humanity) und Kriegsverbrechen vor. Die ihm zur Last gelegten Taten umfassen sexuelle Versklavung, Vergewaltigung, Folter, Angriffe auf Zivilisten, Plünderungen und die ›Rekrutierung‹ von Kindern und Jugendlichen für die LRA. Über 4000 Opfer waren im Verfahren als Zeugen aufgetreten, einige sagten persönlich aus und berichteten von unfassbaren Gräueln.

Das Gericht hörte auch Expertisen über kindliche Traumatisierung, um die Frage zu klären, wie frei Ongwen denn wirklich war, seine Taten auszuführen – oder eben nicht. Seine Verteidigung vertrat die Position, Ongwen sei auch selbst Opfer. Die Anklage wiederum verwies auf den hohen Grad an taktischer Planung der Taten, sie hätten System gehabt. Doch wie frei war der Angeklagte in diesem ›System‹ nun wirklich? Und warum hängt an dieser Frage überhaupt so viel? Kann man diesen Massenmörder und Folterer nicht verurteilen, ohne ihm volle Freiheit zu unterstellen?

Für Kant ist die Freiheit des Menschen zwar keineswegs gewiss, denn der Mensch ist als Naturwesen vielfältigen Einflüssen unterworfen. Doch als metaphysisch-geistiges Wesen ist der Mensch frei, genauer: Er muss für frei gehalten werden können, wenn wir nicht das Konzept moralischer Verantwortlichkeit aufgeben wollen. Wir können die Willensfreiheit des Menschen nicht beweisen, müssten sie jedoch postulieren. Das bedeutet am Ende: *so tun als ob*. Dass Kant die Möglichkeit, sich zwischen verschiedenen Alternativen zu entscheiden, mit der Möglichkeit zu strafen so eng verknüpft, liegt an seiner Straftheorie, einer klassischen Schuldtheorie: Ohne Schuld keine Strafe. Das heißt dann auch: ohne Willensfreiheit keine Schuld. Kant sieht den Zweck von Strafe losgelöst von allem außer der Schuld. Jemanden strenger zu strafen, als es seine Schuld verlangt, ist ungerecht, ebenso ihn weniger zu strafen. Diese *absolute Straftheorie* ist für Kant ein »kategorischer Imperativ« der Strafgerechtigkeit.[81]

Damit steht Kant gegen den philosophischen Trend seiner Zeit. Die meisten Strafrechtsdenker und -reformer des 18. Jahrhunderts sehen den Zweck von staatlicher Strafe in der Vorbeugung bzw. *Prävention*. Eine solche *relative Straftheorie* benötigt auch keine Annahme, der Mensch sei grundsätzlich frei, im Gegenteil: Ihre Anhänger vertraten mitunter einen Determinismus, behaupteten, alles sei unauflöslich kausal festgelegt. Wir können nicht bestimmen, was wir wollen, sondern lediglich zwischen den Wegen wählen, die uns zum Ziel führen: zu dem, was uns glücklich macht. Der Mensch, schreibt Jeremy Bentham in seiner *Introduction to the Principles of Morals and Legislation* (*Eine Einführung in die Prinzipien der Moral und Gesetzgebung*, 1789), stehe unter der Herrschaft zweier souveräner Herren, Schmerz/Leid und Freude/Wohlergehen: »Sie beherrschen uns in allem, was wir tun, in allem, das wir sagen, in allem, das wir denken.«[82] Menschen sind somit nicht frei darin, schmerz- oder leidvolles Erleben *nicht* zu meiden. Und sie sind umgekehrt immer darauf aus, ihr Wohlergehen zu mehren.

Menschliches Handeln bestrafen können wir nun aber im Sinne einer utilitaristischen Ethik dadurch, dass wir die Vermehrung von Freude selbst zum Ziel nehmen. Strafe kann in den relativen Straftheorien gerechtfertigt werden, sofern sie Leid reduziert. Das kann sie, argumentiert Bentham, wenn sie weiteren Taten vorbeugt. Die Gesetze und ihre Strafandrohungen sind in dieser Sichtweise nichts anderes als Gegengewichte zur egoistischen Interessensverfolgung. Strafe wird damit zum Instrument psycho-mechanischer Lenkung eines Wesens, das in seinem Streben und Meiden gerade nicht autonom ist.

Die Idee, dass Strafe kein Selbstzweck der absoluten Gerechtigkeit ist, sondern dem Zweck der Prävention dienen soll, stellt *die* Neuerung im Rechtsdenken der Aufklärung dar. In den von dieser Idee inspirierten Reformen aufgeklärter Herrscher*innen verbinden sich *sowohl* Rationalisierung *als auch* Humanisierung des Strafrechts, die entgegen der Ansicht von Michel Foucault gerade keine Widersprüche im Strafrechtsdenken der Aufklärung sind. Angenommen, dass die Strafe kein Selbstzweck ist, so wird sie zum rechtfertigungsbedürftigen Übel. Mit dem Zweck der Prävention steht nun ein Maßstab dafür zur Verfügung, was eine im *konkreten Fall* gerechte Strafe ist. Ungerecht ist Strafe folglich bereits immer dann, wenn es nichts zu verhüten gibt. So kämpfen Strafrechtsreformer gegen opferlose Verbrechen. Müssen denn Ehebruch, Blasphemie oder auch Bigamie vom Staat bestraft werden, wenn sie keinen der Beteiligten in den fundamentalen Rechten Leben, Gesundheit, Eigentum verletzen, die zu schützen der Staat beauftragt ist? Wenn sie gar keinen ›wirklichen Schaden‹ herbeiführen, wie Magie und Hexerei?

Als Christian Thomasius mit seiner Schrift *De crimine magiae* (*Vom Laster der Zauberei*) im Jahr 1701 an die Öffentlichkeit tritt, überrascht der Gründungsprofessor der Universität Halle damit viele Kollegen. War er denn nicht selbst als Rechtsgelehrter und Richter mit Hexen befasst? War er nicht ehemals überzeugt, dass deren Schadenswerk real ist? Und obwohl der Höhepunkt der Hexenverfolgung Jahrzehnte zurücklag und Anklagen von »Zauberern« und »Hexen« selten geworden waren, zeigten sich viele über Thomasius empört. Wer verneine, dass das böse Prinzip, der Satan, in dieser Welt (mittels Verbündeter) handle, verneine zugleich Gott.

Nun war Thomasius im Laufe der Zeit zu der Ansicht gelangt, dass noch niemals ein *corpus delicti*, also etwas Äußeres, in dem eine Straftat sich manifestiert, bei Hexenprozessen gefunden worden wäre, und er spottet über die Leichtgläubigkeit der Richter, die solchen »Fabeln« auf den Leim gingen. Die fehlenden Beweise lassen für Thomasius nur eine Erklärung zu: Ein Ding, das »nicht ist, kann auch keine Anzeigungen haben«.[83] Thomasius, der auch für die Abschaffung der Folter eintrat, hatte Erfolg. 1714 erließ König Friedrich Wilhelm I. in Preußen ein Edikt, das einer weitgehenden Einstellung von Hexenprozessen gleichkam.

Wo kein Schaden, da muss ihm nicht vorgebeugt werden. Wo aber ein erwiesener Schaden droht, muss die Strafe, die ihn verhüten will, genauestens gewogen werden. Mit der Zweckmäßigkeit eröffnet sich ein weites Feld für Verhältnismäßigkeitsprüfungen und Strafmäßigungen. Denn wenn Prävention das Ziel ist und Strafe das Mittel, dann muss gefragt werden: Ist diese oder jene Strafe ausreichend, den Zweck zu erreichen? Oder auch: Ist sie noch vom Zweck gedeckt oder legt sie dem Täter mehr auf als nötig? Der berühmteste Reformdenker seiner Zeit, der italienische Rechtsphilosoph Cesare Beccaria, formulierte ein Prinzip, das zum Angelpunkt humanistischer Agitation wurde: Strafen nur *so viel als nötig.* »Alles, was diese Grenze überschreitet, ist überflüssig und eben deswegen tyrannisch«, schreibt Beccaria in seinem Werk *Dei delitti e delle pene* (*Über Verbrechen und Strafen*, 1764), das in ganz Europa und auch Nordamerika diskutiert wurde.[84] Nicht alle waren mit ihm einer Meinung, und selbst solche, die sein Sparsamkeits- bzw. *Parsinomieprinzip* teilten, verweigerten ihm dort die Gefolgschaft, wo Beccaria die Todesstrafe angreift. Sie sei schlicht nicht das gelindeste Mittel und zudem nicht wirkungsvoller als lange Zuchthausstrafen oder Zwangsarbeit.

Der Keim dieses Parsinomieprinzips liegt bei Montesquieu, der in seinem *Geist der Gesetze* festhält, dass der Staat nicht überall mit Strafgesetzen regeln soll, was auch die Moral oder Erziehung erreichen können: »Jede Strafe, die sich nicht mit Notwendigkeit ergibt, ist ein Gewaltakt.«[85] Im Sinne dieses Prinzips wird Bentham dafür eintreten, Gefangenen jedes mit der

Haft verbundene Übel, das vermeidbar ist, zu erleichtern: Sie sollen ihre Gesundheit erhalten können, ihre Privatsphäre genießen, von niemandem erniedrigend behandelt werden.[86] Damit war Bentham aber nicht wirklich konsequent, denn eigentlich müsste er gerade in schrecklichen Haftbedingungen das geeignete Mittel für sein erstrebtes Ziel sehen. Für Bentham ist nämlich die allgemeine Abschreckung (negative Generalprävention) die letztlich einzig sinnvolle Strafbegründung. Die Abschreckung oder Anhaltung des Täters allein (negative Spezialprävention) reiche als Strafzweck nicht. Es gäbe schließlich Verbrechen, bei denen gar keine Wiederholung droht und Strafe somit ein grundloses Übel wäre. Damit stellt Bentham letztlich Humanisierung sogar über Rationalisierung.

Genau diese negative Generalprävention war Kant als Gegner des Utilitarismus zutiefst suspekt. Die Vorstellung, dass man einen Menschen strafe, um an ihm ein Exempel zu statuieren, kritisierte Kant heftig: Auf diese Weise werde der Strafftäter bloß als Mittel gebraucht, das heißt in seiner Menschenwürde verletzt. Die Idee der Menschenwürde ist dabei nicht notwendig mit einer absoluten Straftheorie, wie Kant sie vertritt, verbunden. Samuel Pufendorf hat vor Kant festgehalten, dass der Mensch »selbst von einer besonderen Würde« sei, und dennoch der Strafe den Zweck zugeschrieben, dass man »dadurch ungerechter Verletz- und Beleidigungen vorbauen moege [...]«.[87] Nicht nur daran wird die Flexibilität von Menschenwürde deutlich, sie kann fast jede strafethische Position begleiten. So war Kant gerade *wegen* der Menschenwürde ein Befürworter der Todesstrafe (zumindest für Mordtaten). Die Todesstrafe sei das *Recht* des Mörders. Dieser habe den aus seiner Würde folgenden moralischen Anspruch, nur um der Gerechtigkeit willen bestraft zu werden, nicht zu anderen (Abschreckungs- oder Ausbeutungs-)Zwecken. Darin würde ihm G. W. F. Hegel folgen, der nicht nur dialektisch zugunsten der absoluten Straftheorie argumentiert – die Strafe als die »Negation der Negation« –, sondern mit der »Ehre« des Verbrechers: Diese werde »ihm nicht zuteil, wenn aus seiner Tat selbst nicht der Begriff und der Maßstab seiner Strafe genommen wird; – ebensowenig auch, wenn er nur als schädliches Tier betrachtet wird, das unschädlich zu machen sei, oder in den Zwecken der Abschreckung und Besserung«.[88] Auch die säkularen Anhänger der absoluten Straftheorie verbleiben letztlich in der Nähe religiöser Vorstellungen absoluter, dem Menschen entzogener Gerechtigkeitsmaßstäbe.

Wären wir Kant in seiner Theorie gänzlich gefolgt, würden wir heute nicht mit Menschenwürde *gegen* die Todesstrafe, sondern *für* sie eintreten. Diese Strafe ist bei Orientierung am Präventionsgedanken jedoch schwer zu rechtfertigen. Es mag sein, dass die Todesstrafe gewissen Schaden verhindert, etwa weitere Straftaten im oder aus dem Gefängnis heraus. Allgemein abschreckend ist sie nach bisheriger Erkenntnis jedoch kaum, doch auch Haftstrafen sind dies nur bedingt.

Manche halten daher die negative Generalprävention für eine unzureichende Strafbegründung. Bleibt noch die negative Spezialprävention, die individuelle Abschreckung bzw. Abhaltung des Täters. Auch sie sieht sich mit Schwierigkeiten konfrontiert: Nehmen wir zum Beispiel an, Ongwen käme nie wieder in die Versuchung, ugandische Dörfer zu überfallen, weil man ihn mit neuer Identität ausstattet und ihm ein Leben in Luxus ermöglicht. Würde dadurch der Zweck erreicht, ihn von weiteren Straftaten abzuhalten, wäre dies zweifellos das gelindeste Mittel. Das wäre aber gar keine *Strafe* mehr. Doch Menschen wie Ongwen verdienen Strafe, sind jene überzeugt, die ihm im Namen der Menschheit und Menschenwürde den Prozess machen. Der sich selbst erteilte Auftrag des ICC steht unter dem Motto, die Straflosigkeit von Schwerstverbrechen zu beenden.

Die Präventionstheorien der Aufklärung haben uns zwar die Frage abgenommen, ob wir Menschen nur für ihre Taten unter der Voraussetzung verantwortlich machen können, dass wir sie als entscheidungsfrei denken. Sie haben uns aber auch neue Probleme eingebracht: Was würde es bedeuten, unser heutiges Strafrecht *ausschließlich* auf den Präventionsgedanken aufzubauen und jeden Restbestand an Schuldstrafrecht aus ihm zu entfernen? In diesem Falle müssten wir uns dann fragen (und im Grunde tun wir es bereits mit Blick auf uns zur Verfügung stehende Technologien): Unter der Voraussetzung, dass der Staat alles tun muss, um Verbrechen zu verhüten:

Warum fängt er dann nicht ›früher‹ damit an? Wieso verhindert der Staat Straftaten nicht durch Kontrolle und Überwachung und entfernt jene aus der Gesellschaft, die für andere zur Gefahr werden *könnten*? Sadistische Tierquälerei zum Beispiel ist bei Jugendlichen ein Warnsignal hinsichtlich späterer Gewaltdelinquenz. Auch »Risikofaktoren« für eine terroristische Laufbahn werden immer besser verstanden.

Doch wie würde eine demokratische Gesellschaft aussehen, die mittels Risikoprofilen befriedet wird? Es gibt Gründe, eine solche Gesellschaft gleichermaßen zu wünschen wie zu fürchten. Den Präventionsgedanken durchzuhalten, bereitet auch aus einem anderen Grund Unbehagen: Für viele Taten würde es keine *Strafe*, sondern eine *Maßnahme* geben. Die positive Spezialprävention geht in diese Richtung: Der Straftäter wird ermutigt und befähigt, nicht wieder straffällig zu werden. Befähigung und Strafe sind aber selten gute Verbündete, denn gerade Haftstrafen verhindern oftmals die Rückkehr auf den ›geraden Weg‹. Es scheint, als hätte Hegel in einem Punkt zumindest recht: Relative Straftheorien leisten keine eigentliche Strafbegründung, sondern setzen vielmehr schon immer voraus, »dass das Strafen an und für sich gerecht sei«. In welchem zusätzlichen Grund könnte Strafe dann ihre Rechtfertigung finden?

Als Adolf Eichmann 1961 von einem Jerusalemer Bezirksgericht zum Tode verurteilt wurde, war Hannah Arendt, die an dem Prozess bekanntlich einiges zu kritisieren hatte, mit dem Urteil einverstanden. Sie lieferte eine Rechtfertigung für Eichmanns Todesstrafe, die ihrer Meinung nach die einzig mögliche war. Es ist eine voluntaristische, existentielle Rechtfertigung: Eichmann und ähnliche Völkermörder müssten sterben, da ein ›Wir‹ in Form der ›Menschheit‹, die sich durch dieses Verbrechen angegriffen sieht, mit ihnen die Erde nicht zusammen bewohnen könne.[89] Indem sie sich anmaßen zu entscheiden, wer lebenswert und lebensunwert ist, welches Volk gedeihen oder aber verderben soll, machten sich solche Personen gleichsam zu ›Feinden der Menschheit‹.

Müssen wir uns selbst darüber aufklären, dass wir im Grunde keine bessere Rechtfertigung für Strafen haben als dieses ›Wir wollen nicht‹? Alles hinge dann an diesem »Wir«. Wer ist dabei, wer ist dagegen? Wer fühlt sich angegriffen durch Verbrechen, die tausende Kilometer entfernt von Unbekannten an Unbekannten verübt werden? Und ist nicht der »Feind der Menschheit« des Einen der »Wohltäter der Menschheit« der Anderen?

Eine Welt ohne Krieg?

Repräsentanten aus allen Kontinenten trafen sich im Juni 2010 in der Hauptstadt Ugandas, um sich in einer Frage abzustimmen, die philosophischer nicht sein könnte: Was ist Krieg und ab wann ist er ein Verbrechen? Ein Verbrechen nach internationalem Strafrecht war Krieg seit der Einrichtung des ICC auf Basis des *Römer Statuts* (2002) – zumindest der Theorie nach. Neben den drei Verbrechenstypen, für die der Gerichtshof zuständig ist – Kriegsverbrechen, Verbrechen gegen die Menschheit/Menschlichkeit und Völkermord – blieb der vierte Straftatbestand zunächst ausgeklammert: das Verbrechen der Aggression. Schon in der Entstehungsphase des ersten permanenten, internationalen Strafgerichtshofes, den bisher 123 Staaten mittragen, herrschte um die Definition von »Aggression« Uneinigkeit. Viele Staaten fürchteten, ihre Oberhäupter könnten für etwas bestraft werden, das sie immer noch als ihr gutes Recht ansehen, nämlich als die Fortsetzung der Politik mit militärischen Mitteln.

In Kampala wurde eine Definition festgelegt, die sich am Gewaltverbot der Charta der Vereinten Nationen orientiert. Demnach fällt unter Aggression jeder staatliche Akt, der nach »seinem Charakter, seiner Schwere und seines Ausmaßes eine klare Verletzung der UN-Charta darstellt« (Art. 8 *bis*, Römer Statut). 2018 trat die Bestimmung in Kraft – und zwar für genau jene 39 Staaten, die der Änderung des Römer Statuts zugestimmt haben.

Ein großer Erfolg? Oder bloß ein symbolischer Sieg? Ein Blick auf die Staaten, die sich dazu bekennen, das Verbrechen der Aggression zu verfolgen, zeigt rasch, dass es vor allem, wenn auch nicht nur, kleine politische Gemeinwesen sind, die bisher eher nicht durch militärischen Zerstörungsdrang auffällig geworden wären. Ihnen fällt es naturgemäß leicht, etwas bei Strafe abzuschwören, das im Repertoire ihrer außenpolitischen Instrumente ohnehin nicht vorgesehen ist. Ist das moderne Völkerstrafrecht nur ein Refugium der Schwachen, der Opfer?

Die Charta, das ›Grundgesetz‹, der Vereinten Nationen enthält ein allgemeines Gewaltverbot in den internationalen Beziehungen mit Ausnahme des Verteidigungsfalles. Militärische Gewalt ist nur dann erlaubt, wenn sie vom UN-Sicherheitsrat zur Durchsetzung der internationalen Sicherheit und des Weltfriedens autorisiert ist. Der Sicherheitsrat hat somit das Gewaltmonopol inne, leidet aber am ›Konstruktionsfehler‹, dass seine ständigen Mitglieder, die Siegerstaaten des Zweiten Weltkrieges, Zwangsgewalt gegen sich selbst (und ihre Verbündeten) mit einem einfachen Veto verhindern können. So aber kann eine ›Weltpolizei‹ nicht funktionieren. Wenig überraschend sind regelmäßig Rückfälle in die eigentlich untersagte ›private‹ Gewalt zwischen Staaten zu beobachten, und einzelne Staaten erobern sich das Recht, Krieg zu führen, moralisch zurück. Darunter auch Staaten, die sich zu einer »humanitären« Politik bekennen und im Namen des Gerechten Kriege zu führen sich vorbehalten. Gerade, deshalb, weil es niemand sonst tue, hätten sie eine »Schutzverantwortung« (*responsibility to protect*) gegenüber bedrängten Zivilbevölkerungen. Auch sie würden riskieren, wenn sie sich dem Römer Statut in allen Teilen unterwerfen, ihre Staatslenker und Generäle nach Den Haag zu verlieren, wenn sie etwa humanitär intervenieren würden. Denn die UN-Charta erlaubt nichts dergleichen. Sind ihre Gründe, dem neuen Straftatbestand der Aggression gegenüber skeptisch zu sein, nun besser als die Gründe jener, die nicht auf Moral, sondern bloß auf ihre Souveränität verweisen?

Mit den Friedenstheoretikern der Aufklärung gedacht, befinden sich Staaten im Naturzustand untereinander, solange sie sich Gewaltanwendung jenseits des Verteidigungsfalles vorbehalten. Diese bereits bei Hobbes gezogene Parallele zwischen Naturzustand auf einzelstaatlicher und überstaatlicher Ebene dient seither als Unterfutter theoretischer Entwürfe, die eine Weltstaatlichkeit anempfehlen. Damit ist kein Weltstaat im strengen Sinne mit einer globalen Zwangsgewalt über einen einzigen *demos*, sondern die Idee gemeint, dass für Regeln zwischen Staaten eine über ihnen stehende Instanz benötigt wird, die diese Regeln auch durchsetzen kann. Als ›Nebenprodukte‹ der Sozialkontraktstheorien erleben entsprechende Versuche, eine internationale Rechtsordnung zu konzipieren, im 18. Jahrhundert eine Blüte.

In seinem *Projet pour rendre la paix perpétuelle en Europe* (*Plan eines ewigen Friedens in Europa*, 1712/17) beklagt Charles Irénée Castel, bekannt als Abbé de Saint-Pierre, das unbefriedete Verhältnis der Staaten Europas und schlägt einen freiwilligen Zusammenschluss vor. Nur dann, wenn sich alle an die gleichen Regeln halten, könne dem Recht des Stärkeren, der Anarchie, ein Ende gemacht werden. Da Staaten Regeln aber nicht einfach einhalten, müssen diese von einem Gerichtshof überwacht werden, der auch Streitigkeiten zwischen ihnen schlichtet. Dass dies in ihrem eigenen Interesse liege, argumentierte auch der Ahnherr des modernen Völkerrechts, Emer de Vattel. Der aus Neuchâtel stammende Gelehrte legte mit *Le droit des gens* (*Das Recht der Völker*, 1758) ein Werk vor, das zu einem der einflussreichsten Lehrbücher seiner Zeit werden sollte und großen Eindruck auf die Gründerväter der Vereinigten Staaten machte. Darin versucht Vattel eine Quadratur des Kreises, die auch für die moderne Völkerrechtstheorie bestimmend ist: Wie kann man die Souveränität von Staaten, also ihr Recht, nach eigenem Willen ihre Interessen zu vertreten, mit allgemeinverbindlichen Normen zusammendenken?

Vattel leitet die Souveränität von Staaten aus der Souveränität ihres Volkes ab. So wie jeder im bürgerlichen Zustand Gleicher unter Gleichen ist, sind es auch die Staaten, die sich daher wechselseitigen Respekt schulden. Sie stehen so wie Individuen unter Verpflichtungen des Naturrechts: Sie schulden einander Hilfe, soweit sie dabei selbst keinen Schaden nehmen. Doch vor allem dürfen sie einander nicht schaden. Einzige Ausnahme, die Vattel anerkennt, ist die Selbstverteidigung. Diese kann individuell oder auch kollektiv durch eine Gruppe von Staaten ausgeübt werden, etwa dann, wenn sie sich gemeinsam gegen einen Aggressor behaupten müssen. Wer jedoch ohne solche Rechtfertigungsgründe Krieg führt, sei ein Verbrecher. Und das nicht nur an den Opfern seiner

Aggressionspolitik, und zwar an jedem Einzelnen, wie Vattel betont, sondern er sei »eines Verbrechens gegen die Menschheit insgesamt schuldig, deren Frieden er stört und für die er ein verderbliches Beispiel setzt«.[90]

Geprägt davon, dass seine Heimat sich lange unter preußischer Fremdherrschaft befand, wird Vattel ein scharfer Kritiker militärischer Aggression. Es ist die Erfahrung, dass kleine Staaten gegenüber großen immer die schwächeren sind, die ihn auch mit der Idee einer europäischen Staatenföderation sympathisieren lässt, die das nötige Machtgleichgewicht herzustellen im Stande sei. Zwei Jahre vor Erscheinen der Schrift Vattels war Friedrich II. ohne Kriegserklärung in Sachsen einmarschiert und der ›erste Weltkrieg‹, der Siebenjährige Krieg, brach aus. Der Einmarsch wurde von Preußen als vorbeugende Verteidigungsmaßnahme gerechtfertigt. Der Frage, wann solch eine ›präventive Selbstverteidigung‹ erlaubt sei, geht Vattel gründlich nach. In ihr nämlich spitzt sich die Spannung zwischen staatlicher Souveränität und Notwehr zu: Unter der Voraussetzung, dass alle Staaten gleich souverän sind, dürfen sie sich nicht gegenseitig verletzen, es sei denn, dass ihr »Recht auf Sicherheit«, ihre Selbsterhaltung, bedroht ist. Was aber, wenn diese Selbsterhaltung gerade dadurch gefährdet ist, dass man die Souveränität eines anderen Staates *zu lange* achtet? Wenn, umgekehrt, Angriff die beste Verteidigung ist?

Vattel rät, sich den jeweiligen Kontext genau anzusehen: Wie hat sich der Staat, von dem man sich akut bedroht fühlt, etwa weil er aufrüstet, in der Vergangenheit verhalten? Was sind seine Absichten? Bis heute ist die Frage so strittig wie zu Vattels Zeiten, was an Beweisen vorliegen muss, um einen Präventivkrieg moralisch zu rechtfertigen. Hätte dieser, mag man fragen, seine prinzipielle Aufgeschlossenheit gegenüber Präventivkriegen überdacht, wenn er den Missbrauch dieses Konzepts in unseren Zeiten hätte mitverfolgen können? Oder hätte er von vornherein im Sinne seiner These, dass die Souveränität des Staates die Souveränität des Volkes spiegelt, die Ansicht vertreten, dass die Souveränität eines diktatorischen Staates weniger achtenswert ist als die Souveränität demokratischer Staaten? Also ähnlich wie es heute Vertreter*innen der Schutzverantwortungs-Doktrin tun, wenn sie Interventionen zugunsten unterdrückter Bevölkerungen in Diktaturen bejahen?

Der Unterschied zwischen Demokratie und Diktatur ist auch für Kant entscheidend, der vier Jahrzehnte später zur Debatte um Krieg und Frieden einen wichtigen Beitrag liefern sollte. Seine Schrift trägt den mehrdeutigen Titel *Zum ewigen Frieden* (1795), der auf eine Vision hinweist, aber auch an einen Friedhof anspielt, der drohe, wenn Staaten sich nicht ihrer moralischen Pflichten besinnen. Kant sah die erste Voraussetzung für Weltfrieden darin, dass Staaten politisch frei, also republikanisch verfasst sind. Wenn Staaten sich demokratisieren, dann werde Krieg unwahrscheinlicher, da dann »nicht das Staatsoberhaupt, dem der Krieg [...] eigentlich nichts kostet, sondern das Volk […] die entscheidende Stimme habe«.[91] Wie Vattel versucht auch sein preußischer Kollege einen Spagat, diesmal zwischen idealer Theorie und lebenswirklicher Praxis. Theoretisch wäre ein Weltstaat das beste Instrument, um eine Welt ohne Krieg zu erreichen. Da eine solche Institution aber in Anbetracht der Menschen und ihrer Schwächen »den schrecklichsten Despotismus«, nämlich eine *globale* Diktatur herbeiführen könnte,[92] muss nach einem anderen Ideal gesucht werden, dessen Realisierung verantwortungsvoll gewünscht werden kann.

Kant findet die Lösung in einem »Völkerbund« und schlägt vor, das Völkerrecht solle auf einem Verbund bzw. Förderalismus freier Staaten aufbauen. Darunter versteht er einen Staatenbund, der durch gemeinsame Regeln Krieg unter den Mitgliedern unmöglich macht. Ganz im Sinne seines kategorischen Imperativs soll hier das Handeln aus Pflicht, das heißt aus Einsicht in die Richtigkeit dieser Regeln, Antrieb sein. Das erste Gesetz dieser Bündnisstaaten müsse die gegenseitige Achtung ihrer inneren Souveränität sein: »Kein Staat soll sich in die Verfassung und Regierung eines andern Staates gewaltthätig einmischen.« In den Grundsätzen, die Kant als eine Art Programm für den Weltfrieden erstellt, verlangt er die Zügelung der äußeren staatlichen Souveränität nicht aus (allein) strategischer, sondern aus moralischer »Vernunft«. Sich selbst zu mäßigen, erfordert Mut, etwa zur Abschaffung stehender Heere, zum Verzicht auf »ehrlose« Methoden der Spionage und Sabotage, auf Rache durch Strafkriege.

In den Entwürfen für eine Welt ohne Krieg zeigen zwei charakteristische Züge aufklärerischen Denkens, dass der Mensch nicht dazu verurteilt ist, ewig in Spiralen der Gewalt gefangen zu sein, denn seine ›Vernunft‹ oder zumindest seine aufgeklärten Interessen zeigen den Ausgang aus der selbstverschuldeten Geißel des Krieges. Es liegt an niemand anderem als an uns Menschen selbst, dieses physische und moralische Übel zurückzudrängen. Umso enttäuschter waren viele, dass selbst aufgeklärte Herrscher nicht automatisch bereit waren, den entscheidenden zivilisatorischen Schritt zur Überwindung des Despotismus privater Gewalt in den internationalen Beziehungen zu machen. Seinen verehrten Friedrich fragte Voltaire offen heraus: »Werden Sie denn niemals aufhören, Sie und Ihre Amtsbrüder, die Könige, diese Erde zu verwüsten, die Sie, sagen Sie, so gerne glücklich machen wollen?«[93]

In diesen Entwürfen zur Vermeidung von Krieg schwingt eine kosmopolitische Ausrichtung und humanistische Anteilnahme, in der Kriege, unabhängig davon, wo sie stattfinden, zum geteilten Menschheitsproblem werden. Schon Kant war überzeugt in einer Zeit zu leben, in der »die Rechtsverletzung an *einem* Platz der Erde an *allen* gefühlt wird«.[94] Der Krieg, resümiert Louis de Jaucourt, Autor des gleichnamigen Eintrags in der *Enzyklopädie*, »verdirbt die Sitten aller Nationen«.[95] Im Krieg, wussten diejenigen, die seine Methoden mit Regeln einzuschränken versuchten, können Menschen zu Bestien herabsinken. Hugo Grotius hat sein epochales Werk, das als Pionierschrift des Völkerrechts gilt, während des Dreißigjährigen Krieges verfasst. Die Kriegsgräuel im Bewusstsein, versuchte er in *De jure belli ac pacis* (*Vom Recht des Krieges und des Friedens*, 1625) Normen aufzuweisen, die für alle – ›von Natur aus‹ – gelten: das Tötungsverbot von Kindern und Frauen, das Verbot von Kollektivstrafen für Feinde und der Schutz von Frauen vor sexueller Gewalt.[96] Es sollten Normen sein, denen sich alle, unabhängig ihrer Weltanschauung, verpflichtet fühlen können und die gerade dann bitter gebraucht würden, wenn gegenseitiger Hass die Hemmungen einreißt. Ganz in diesem Sinne beschrieb auch Vattel Regeln, die das moderne Humanitäre Völkerrecht vorwegnehmen: Soldaten, die sich ergeben, sind zu schonen, Kriegsgefangene sind menschlich zu behandeln, Frauen und Kinder zu schützen und der Einsatz von »vergifteten Waffen« unerlaubt.

Das Problem des Krieges ist letztlich weit grundlegender als die Fokussierung auf eine universale Regelarchitektur nahelegt. Die verstümmelten Körper von Soldaten, die aufgerissenen Leiber von Frauen, an denen vorbei Voltaire seinen *Candide* durch die Welt führt, werfen ein irritierendes Licht auf die Menschheit: Wie sind Menschen fähig zu solchen Grausamkeiten? Warum ziehen so viele Lust aus den Grenzerfahrungen, die organisierte Gruppengewalt bereithält? Aus der Anerkennung, die sie erfahren, und der Furcht, die sie verbreiten?

Der Krieg, schreibt Kant, »scheint auf die menschliche Natur gepfropft zu sein«.[97] Die Natur verfolge mit der menschlichen Spezies mitunter eigene Zwecke, so wie mit anderen Tieren auch.

Tatsächlich sind moderne soziobiologische Einsichten in unsere kriegerische Natur wenig schmeichelhaft. Der Mensch, meint der Philosoph David Livingstone Smith, ist das »gefährlichste Tier«, denn Krieg ist nicht einfach eine kulturelle ›Perversion‹ unseres ursprünglich freundlichen Wesens, sondern steckt tief in unserer evolutionären Entwicklung.[98] Krieg, so erklärt er, hat den Reproduktionserfolg unserer (männlichen) Vorfahren über zigtausende Jahre erhöht. Von den Urzeiten, als nomadische Gruppen die ersten Sesshaften mit Überfällen bedrängt, versklavt oder ausgerottet haben, bis zu den ethnischen ›Säuberungen‹ der Gegenwart: Eine Welt mit Menschen ist immer auch eine Welt mit Krieg. Sind wir also dazu verurteilt, Sklaven unserer evolutionär entwickelten Natur zu sein? Nein, aber wir müssen den Mut haben, diese dunklen Seiten des Menschseins schonungslos in den Blick zu nehmen, und verstehen lernen, welche Hürden vor uns liegen auf dem Weg zu einer *humaneren* Welt. Wir sollten uns, mit Kant gesprochen, getrauen, dem »bösen Prinzip in uns selbst in die Augen zu sehen und seine Arglist zu besiegen«.[99]

Die Zukunft des Humanismus

Ein junger Professor für Moralphilosophie aus Glasgow lädt uns in seinem Erstlingswerk zu folgendem Gedankenexperiment ein: Stellen wir uns vor, das Chinesische Reich mitsamt seinen unzähligen Bewohner*innen werde von einem großen Erdbeben verschluckt. Wie würde ein durchschnittlicher Mensch in Europa, den keine persönlichen Beziehungen mit dieser Weltgegend verbinden, der aber humanistisch gesinnt ist, auf die Kunde dieser Naturkatastrophe reagieren? Er würde, so Adam Smith in seiner *Theory of Moral Sentiments* (*Theorie der ethischen Gefühle*, 1759), wohl sein Bedauern ausdrücken, möglicherweise auch nachdenklich, ja melancholisch werden. Er würde vielleicht auch über die schädlichen Folgen spekulieren, die das Unglück für den Handel in Europa und den Welthandel insgesamt mit sich bringt. Doch dieser gute Mensch würde, so Smith, bald seiner täglichen Geschäfte ohne größere Unruhe nachgehen, als wäre das Erdbeben in China nie geschehen. Wenn nun aber diese Person wüsste, sie würde morgen auch nur den kleinen Finger verlieren, dann könnte sie keine ruhige Minute finden. Und nun die Frage: Würde der Mensch in diesem Gedankenexperiment bereit sein, für den Erhalt seines Fingers, wenn es ihm möglich wäre, Millionen anderer zu opfern, die fern von ihm leben, die er aber nie gesehen hat?

An diesem Beispiel macht Smith die zentralen Punkte seiner Ethik fest. Menschen haben gegenüber einander ein natürliches Wohlwollen und verfügen auch über die Fähigkeit der Empathie, sie können sich also in andere hineinfühlen, wenn auch nur begrenzt. Menschen haben aber auch eine ebenso natürliche Selbstliebe, die umso lauter sich Gehör verschafft, je stärker die eigene Selbsterhaltung betroffen ist. Im ersten Teil des Katastrophenbeispiels ist das auch nicht weiter schlimm: Der gute Mann in Europa freut sich weiterhin seines Lebens, denn was sollte er auch tun? Die Toten bedürfen seiner nicht. Anders in der ergänzten hypothetischen Möglichkeit, er könne seinen Finger auf ihre Kosten retten. Hier wird der Konflikt zwischen Selbstliebe und Rücksicht auf andere sichtbar. Warum aber soll, daran lässt Smith von Anfang an keinen Zweifel, jemand sein Glück an einer intakten Hand für das Leben anderer opfern?

Es sei nicht das »sanfte Gefühl der Humanität«, schreibt Smith, das die allermeisten Menschen in solchen Fällen zu Opfern drängt. Ein weit mächtigeres Gegengewicht sei nötig, um den Blick auf die eigenen Interessen auszubalancieren, genauer: umzulenken. Dies sei die Perspektive eines »unparteilichen Beobachters«. Dieser »Bewohner in unserer Brust« zeige uns, dass wir nur eine(r) unter Vielen, in keiner Weise mehr wert als sie sind. In diesem unparteilichen Beobachter erkennen wir unsere Niedrigkeit und begreifen, »dass wir zu Recht Gegenstand von Abneigung, Abscheu und Verwünschung werden, wenn wir uns so schamlos und so blind anderen vorziehen«.[100]

Siebzehn Jahre später wird Smith mit seiner *Inquiry into the Nature and Causes of the Wealth of Nations* (*Der Wohlstand der Nationen. Eine Untersuchung seiner Natur und seiner Ursachen*, 1776) die Grundlage für die klassische Nationalökonomie legen. Es ist wenig überraschend, auch in diesem Werk Anklänge seiner ethischen Konzepte aufscheinen zu sehen, etwa dann, wenn er die kolonialistische Gewalt und Ausbeutung der Europäer an anderen Völkern kritisiert. Besonders der Sklavenhandel ist Smith, wie vielen aufgeklärten Zeitgenossen, ein moralisches Ärgernis höchsten Grades. Er sieht darin einmal mehr die hemmungslose Selbstliebe auf Kosten der gleichen Berücksichtigung aller Menschen und meint sogar, die Abschaffung des Sklavenhandels sei wohl nur gegen das Volk, mit einer Art Diktatur, erreichbar. Ähnlich wie sein unparteilicher Beobachter, der letztlich auch nichts anderes ist als ein Herrscher in uns. Selbstbeherrschung, die größte Tugend bei Smith, ist im Grunde keine Herrschaft des Selbst über sich selbst, sondern die Herrschaft des *besseren* Selbst über sein unzureichendes, niedrigeres. Dass eine solch ›aufgeklärte‹, aus der Distanzperspektive und Reflexion erwachsende Selbstbeherrschung überhaupt möglich ist, liegt ihm zufolge an dem inneren Verlangen des Menschen, nicht nur in den Augen der anderen, sondern gerade auch in seinen eigenen geachtet zu werden: »Sein Ehrgefühl, seine Beziehung zu seiner eigenen Würde, leitet ihn an, seine ganze Aufmerksamkeit auf diese Perspektive zu lenken.«

Smith hatte bei Francis Hutcheson in Glasgow studiert, einem einflussreichen Moralphilosophen, der als Erster das bekannte utilitaristische Motto vom »größten Glück der größten Zahl« formuliert hat. Hutcheson stand in einer Tradition der Gefühlsethik, die in Schottland Anfang des 18. Jahrhunderts aufkam. Nicht der Verstand, sondern Empfindungen bestimmen, was wir als moralisch richtig ansehen. Die ersten Denker des moralischen Sentimentalismus waren noch überzeugt, dass unsere moralischen Empfindungen uns ›erkennen‹ lassen würden, was ›wirklich‹ richtig ist. In uns, glaubte Anthony Ashley-Cooper, dritter Earl von Shaftesbury, wirke ein »moralischer Sinn«, ein Unterscheidungsvermögen hinsichtlich Gut und Böse. Wenn dieser Sinn richtig funktioniert, lösen Taten, die menschliches Wohlergehen fördern, bei uns innere Zustimmung aus. Umgekehrt führen Taten, die schaden und verletzten, zu Abscheu. Wie es dann aber dazu kommen kann, dass Menschen in unterschiedlichen Gesellschaften und Kulturen häufig unterschiedliche moralische Systeme aufweisen, ja sogar konträre Ansichten vertreten darüber, was ›richtig‹ ist, erklärt Hutcheson wiederum so: Alle Menschen teilen zwar dieselben moralischen Grundprinzipien (»Gut ist, was Wohlergehen fördert«), was aber in bestimmten Kontexten und Zeitaltern konkret menschliches Wohlergehen fördert, kann verschieden sein.

Neu war diese Idee nicht ganz, denn bereits Hobbes hatte ähnlich gedacht: »Jeder Mensch, für seinen Teil, nennt dasjenige gut, was ihm angenehm und erfreulich für ihn ist; und dasjenige böse, das ihm missfällt. Insofern also jeder Mensch sich von anderen in seiner Verfasstheit unterscheidet, unterscheiden sich die Menschen auch untereinander hinsichtlich der Unterscheidung von gut und böse.«[101] Hutcheson wendet diese Einsicht in die Relativität moralischer Meinungen ausdrücklich auf die verschiedenen Kulturen an und ist damit einer der ersten modernen ›Kulturrelativisten‹. Der in Naturvölkern zu beobachtende Brauch etwa, alt gewordene Stammesmitglieder sterben zu lassen oder auch aktiv zu töten, schreibt Hutcheson, wurzle letztlich im selben ethischen Prinzip, auf das Europäer verweisen, wenn sie ihre alt gewordenen Familienmitglieder pflegen und ihnen Gutes zuteilwerden lassen.[102] Mit diesem Beispiel wird wenig später Helvétius dafür plädieren, die europäische Überlegenheitspose gegenüber anderen Völkern und Kulturen abzulegen. Was für die einen richtig ist, muss es nicht auch für die anderen sein.[103]

Wenn der ›moralische Sinn‹ relativ daraufhin wirkt, was in einer konkreten Gruppe von Menschen oder auch für einen bestimmten Menschen nützlich im weiten Sinne ist, dann ist er gerade keine objektive Richtschnur. Kein anderer hat an der traditionellen Vorstellung, Moral sei stabil, objektiv und liege ›in den Dingen‹, so konzentriert gerüttelt wie Hume. Die ›kühle‹ Vernunft findet Wahrheit (im Sinne von Übereinstimmung unserer Ideen mit der Außenwelt und der Konsistenz unserer Ideen), über sie kann man somit streiten. Tugend und Laster hingegen liegen im

›Herzen‹ des Betrachters. Tugend ist, was wohlgefällt, Laster, was abstößt. Auch wenn Hume als Skeptiker vom Problem der Relativität moralischer Standards weniger beunruhigt war als manche andere, so dachte er doch auch praktisch: Woran sollen sich Menschen dann orientieren? Letztlich brauchen Menschen allgemeine Prinzipien, die festlegen, was zu (un-)recht als abstoßend gelten soll. Dabei hilft uns die Reflexion über das eigene Handeln gerade in Hinblick drauf, wie andere uns beurteilen.[104]

Sein guter Freund Adam Smith hat in diesem Punkt auch von Hume gelernt. Smiths unparteilicher Beobachter ist eine Idee, die später in der Philosophie von Kant weitergeführt wurde und von der die Wissenschaftshistorikerin Lorraine Daston meint, dass in ihr das für die modernen Naturwissenschaften charakteristische Ideal der aperspektivischen Objektivität entspringt.[105] Bis heute wird in der philosophischen Ethik der ›Blick von Nirgendwo‹, die Distanz zu eigenen Interessenlagen in einem ›neutralen‹ Blickwinkel diskutiert. Wie weit kann oder darf dieses Unparteilichkeitsideal gehen? Und denken wir hier nicht im Kreis? Wenn wir Smith folgen, werden wir uns in der Perspektive des unparteilichen Beobachters der gleichen Berechtigung aller Menschen bewusst, ihr Wohlergehen zu verfolgen, und würden so zu einer fairen Berücksichtigung gelangen. Doch die Empfindungen und Wünsche anderer nachzuvollziehen und sie zu berücksichtigen, ist erst dann möglich, wenn man andere als grundsätzlich gleiche Teilhaber am Menschsein versteht. Grundvoraussetzung ist also, dass man bereits einen *moralischen Status* zuerkennt, der eine gleiche Interessenberücksichtigung überhaupt erst erlaubt.

Die Zuerkennung eines solchen grundsätzlichen moralischen Eigenwerts an Menschen ist aber keineswegs selbstverständlich. In ihrer Theorie zur *Evolution des moralischen Fortschritts* gehen die Philosophen Allen Buchanan und Russell Powell davon aus, dass moralischer Fortschritt in einem speziellen Übergang besteht von einer strategisch-reziproken Moral zu einer Subjekt-zentrierten Moral.[106] In einer strategisch-reziproken Moral behandeln wir andere nicht grundsätzlich gut oder achten ihre Interessen, sondern machen das nur, wenn wir uns daraus Vorteile versprechen. Erst wenn wir anderen einen gleichen moralischen Status zusprechen, haben wir in unseren Augen auch echte Pflichten ihnen gegenüber. Ein Beispiel, das sie anführen: Solange Frauen nur wertvoll sind, insofern sie zur Bedürfniserfüllung einer Gruppe oder eines Mannes beitragen, haben sie vielleicht Vorteile, aber keine moralischen Rechte. Man kann auch sagen: Ihnen steht zu, was *sie sich* verdienen, jedoch nicht, was sie als Menschen, als fühlende und denkende Persönlichkeiten *an sich* verdienen.

Strategisch-reziproke Moralsysteme existieren in der Geschichte der Menschheit immer schon neben statusbasierten Moralsystemen. Nach ›innen‹ bzw. gegenüber jenen, die Mitglieder der eigenen Gruppe sind, wirkt häufig eine Moral, die allen Gruppenmitgliedern einen prinzipiell gleichen Status zuspricht.

Gegenüber Fremden oder Fremdgruppen hingegen wird nach dem Prinzip der Reziprozität verfahren, wenn überhaupt. Die Überwindung solcher Grenzen zwischen ›Innen-Gruppe‹ und ›Außen-Gruppe‹ stellt für Buchanan und Powell den Inbegriff einer moralischen Höherentwicklung des Menschen dar. Damit stehen sie in der Tradition des moralischen Fortschrittsbegriffs von Charles Darwin, der die Ausdehnung unserer »sozialen Instinkte« auf immer größere Kreise mit gruppenselektiven Prozessen erklärte und den Tag ersehnte, an dem wir niemanden mehr von unserem Mitgefühl ausschließen, auch Tiere nicht.[107]

Dieser Fortschritt passiert tatsächlich, argumentieren Buchanan und Powell. Denken in »Stammeszugehörigkeiten« bzw. moralischer Tribalismus verschwindet also dort, wo entsprechende moralische Ideen Fuß fassen, die eine Berücksichtigung auch vormals Außenstehender unterstützen. Doch das ist nicht alles. Buchanan und Powell unterbreiten eine biokulturelle Theorie moralischen Fortschritts, der zufolge nicht nur gesellschaftliche oder ethische Innovationen ihren Anteil daran haben, dass wir großzügiger in Bezug auf unsere moralischen Rücksichten werden und diese nicht nur den ›eigenen Leuten‹ angedeihen lassen. Wir seien aufgrund unserer bisherigen evolutionären Entwicklung mit einer »adaptiven Flexibilität« ausgestattet, die unsere Freundlichkeit oder Feindseligkeit gegenüber Fremden bzw. Fernstehenden anwachsen oder abnehmen lassen kann. Die harten bzw. günstigen Lebensbedingungen von

Menschen (über Generationen) sind dabei entscheidend: »Frühe Gruppen von Menschen haben sich unter Umweltbedingungen entwickelt, die gemeinhin die Ausbildung von exklusivistischer [also andere ausschließender] Moral gefördert haben und inklusivistische [also andere einschließende] Tendenzen schwer bestraft haben.«[108] Diese Bedingungen sind insbesondere Ressourcenknappheit und entsprechende Ressourcenkonkurrenz; die Abwesenheit von Institutionen, die ein friedliches Leben zwischen Gruppen von Menschen ermöglichen; und schließlich das Risiko, das von biologischen Krankheitserregern oder auch von »sozialen Parasiten« ausgeht. Es genügt völlig, vermuten Buchanan und Powell, dass heute lebende Menschen nur *glauben*, ihre Lebensgrundlagen seien bedroht, um gegenüber Fernstehenden zu verhärten. Moralischer Fortschritt ist möglich, aber entsprechend auch moralischer Rückschritt.

Es kommt, wenn diese Theorie recht hat, nicht allein darauf an, wie wir moralisch denken, sondern auch darauf, wie leicht oder schwer unser Leben sich für uns darstellt und welche Institutionen wir zur kollektiven Lebensbewältigung errichten. Folglich reichen einander in einem solchen Zugang die Idee moralischen Fortschritts und die Idee von zivilisatorischem, also technisch-wissenschaftlichem, wirtschaftlichem und politischem Fortschritt die Hand. Dort, wo Krankheiten zurückgedrängt werden, Staaten für Schutz und Ordnung sorgen, Grundbedürfnisse erfüllt werden, können Menschen es sich ›leisten‹, auch an andere zu denken, und sind weniger gezwungen, ihnen Näherstehende gegenüber Fernerstehenden zu bevorzugen. Es wäre in diesem Sinne unangebracht, etwa Friedrich II. einen naiven Wissenschaftsoptimismus zu unterstellen, wenn er ganz im Sinne vieler Zeitgenossen erklärt: »Die Wissenschaften haben also stets zur Vermenschlichung des Menschen beigetragen. Sie machen sie milder, gerechter und weniger gewalttätig.«[109]

In seinem Zeitalter freilich feierte der Ausschluss von Fernstehenden von den vollen moralischen Ansprüchen eines Menschen noch seine Hochzeiten. Dass Afrikaner ›vollwertige‹, ›echte‹ Menschen sind, war keineswegs eine selbstverständliche Ansicht. Und selbst diejenigen, die Nichtweißen das Menschsein zusprachen und sie nicht als Tiere behandelt sehen wollten, sahen oftmals in ihnen zumindest Menschen niedereren Ranges. Dass Afrikaner*innen aus ihren Dörfern von ihren Herrschern oder auch arabischen Sklavenhändlern geraubt werden und von Europäern von der Küste Westafrikas aus nach Süd- und Nordamerika verschifft werden wie Ware, über Bord geworfen, wenn sie ›unbrauchbar‹ geworden waren – all dies ist im 18. Jahrhundert eine jahrhundertealte Praxis, die anscheinend leicht zu rechtfertigen war: dass sie in einem »gerechten Krieg« gefangen wurden und damit nach Völkergewohnheitsrecht rechtmäßig ihrer Freiheit verlustig gehen. Dass sie zwar ihre Freiheit verlieren, dafür aber mit dem Christentum in Kontakt kommen und ihre Seele gerettet werden kann. Dass sie im Grunde nur eine Art »Affen« sind. Dass sie von Gott laut Bibel zu diesem Schicksal verurteilt sind. Dass sie Sklaven »von Natur aus« sind.

Alle diese Rechtfertigungen gerieten in Kritik, als christliche Minderheiten wie Methodisten, Quäker und sonstige Nonkonformisten sowie humanistische Denker*innen begannen, allen Menschen einen grundsätzlich gleichen moralischen Status zuzusprechen. Dieser Prozess, der auch als »Sakralisierung der Person« verstanden werden kann,[110] war getrieben von Schriftstücken, aber auch neu geschaffenen Institutionen. Einer der Ersten, der die Sklaverei mit philosophischen, aber auch satirischen Waffen ihrer Selbstverständlichkeit zu entkleiden sucht, ist Montesquieu. Er hält den Verteidigern der Sklaverei einen Spiegel vor: »Es ist unmöglich sich vorzustellen, daß diese Leute Menschen seien, denn wenn wir sie für Menschen hielten, müßte man anfangen zu glauben, daß wir selbst keine Christenmenschen seien.«[111] Auch das völkerrechtliche Argument des gerechten Krieges, aus dem eine gerechte Versklavung seiner Verlierer folge, weist er zurück: Es könne nicht die Unfreiheit der Nachkommen der einst so Versklavten rechtfertigen. Ein für Verteidiger der Sklaverei besonders schmerzvoller Punkt, da Sklavenhalter ihren Profit auch aus der natürlichen Vermehrung ihres »Eigentums« zogen. Und doch bleibt bei Montesquieu ein Restbestand an Ambivalenz: So interpretiert er die aristotelische Idee, dass es Sklaven von Natur aus gäbe, im Lichte seiner eigenen Klimatheorie. Sklaverei sei »gegen die Natur«, aber mancherorts auf »natürlichen Ursachen« beruhend. In gewissen Regionen seien Menschen nicht anders zum Arbeiten zu bringen als durch Zucht und Schläge, gesteht Montesquieu den Befürwortern der Sklaverei zu, nur um anzufügen: »Vielleicht gibt es keine Gegend auf der Erde, wo man nicht freie Menschen für die Arbeit benutzen könnte.«

Auch Vereinigungen wie die Londoner Gesellschaft zur Abschaffung des Sklavenhandels, die französische Gesellschaft der Freunde der Schwarzen und weitere Ableger in Übersee prägten den Diskurs. Sie lobbyierten für Menschenrechte für alle Rassen. In England erreichten sie eine Abschaffung des Sklavenhandels 1806, die vollständige Abschaffung der Sklaverei in England und seinen Kolonien 1833. Das Verbot des Sklavenhandels wurde vom Königreich mit aufwendigen maritim-polizeilichen Maßnahmen überwacht. Das zentrale moralische Argument, das diesen Erfolg entgegen wirtschaftlichen Interessen erringen konnte, war der Widerspruch zwischen dem angenehmen Leben in relativer Freiheit, das »wir« genießen, und der Unterdrückung der »anderen«. Daraus resultiere große moralische *nationale* Schuld, betonte etwa der britische Parlamentarier und Anführer der Anti-Sklaverei-Bewegung, William Wilberforce. Nur wenn man Afrikaner*innen in das geteilte Menschsein miteinschließt, das heißt, ihnen einen moralischen Status zuspricht, den man für sich als Mensch ebenfalls erhebt, gelangt man wie auch Mary Wollstonecraft zum Urteil, der Sklavenhandel sei »eine grauenhafte Beleidigung der Menschheit«.[112]

Auch aufklärerische Naturwissenschaftler stellten sich in diesen Dienst und stritten mit Kollegen, die umgekehrt die Minderwertigkeit der Afrikaner*innen zu beweisen suchten. In seiner *Histoire naturelle, générale et particulière* (*Allgemeine Naturgeschichte*, 1749) unterminiert der führende Forscher Frankreichs, Georges-Louis Leclerc de Buffon, Ansätze, Menschen nach Rassenzugehörigkeit zu kategorisieren, und vertritt die gleiche Abstammung aller Menschen. In Frankreich wurde die Sklaverei nur kurzzeitig während der Französischen Revolution abgeschafft, die kolonialen Interessen überwogen bald wieder das Gleichheitspathos. Zusätzlich verstärkte die brutale Sklavenrevolution in der französischen Kolonie Saint-Domingue 1791 die Angst vieler vor den »schwarzen Wilden«. Das Engagement von Philosophen wie Condorcet, de Gouges und allen voran den Enzyklopädisten, die Frankreichs koloniales Projekt in zahlreichen Artikeleinträgen angegriffen haben, war letztlich weit weniger breitenwirksam als das ihrer Brüder und Schwestern im Geiste auf den britischen Inseln. Petitionen, Zuckerboykott und wegweisende Gerichtsfälle wie jener von James Somerset (1772) machten dort den Abolitionismus populär.

Am Beispiel der Sklaverei lässt sich der Unterschied zwischen rein strategisch-reziproker Moral und Status-basierter Moral gut nachvollziehen: Man kann einen Sklaven zwar gut behandeln – etwa aus dem Grunde, weil er folgsam ist, weil man sich selbst schadet, wenn er an Misshandlungen zugrunde geht. Aber man kann einem Sklaven nichts Gutes erweisen, wenn man dafür riskiert, eigene Interessen zu vereiteln, solange seine Interessen kategorisch weniger Berechtigung haben als die eigenen. Wie es den Aufklärer*innen, die sich für ein Ende der Sklaverei eingesetzt haben, schließlich gelungen, ist, weite Teile der Bevölkerung mit abolitionistischen Empfindungen zu infiltrieren, wird bis heute erforscht. Dabei zeigt sich, dass Menschen nicht allein durch philosophische Theorien sich mit dem Gedanken einer prinzipiellen Gleichwertigkeit von Menschen unterschiedlicher Abstammung angefreundet haben. Es waren stets auch persönliche Schicksale und moralischer *Ekel* vor der Praxis der Sklaverei. Das war auch vielen Aufklärern selbst bewusst. Thomas Clarkson etwa, ein abolitionistischer Zelot, schrieb nicht nur gegen die Sklaverei an, sondern reiste mit entsprechendem Anschauungsmaterial, etwa Fußfesseln und Peitschen, durch das Land.

Afrikaner waren auch selbst aktiv, so sie als Freie die Möglichkeit dazu hatten: Prince Hall war Vorsitzender der Freimaurerloge in Boston. In einer Petition an das Parlament von Massachusetts fordert er die Befreiung der noch versklavten Afrikaner*innen, denn »sie teilen mit allen anderen Menschen ein natürliches und unverlierbares Recht auf Freiheit«, zitierte er die Unabhängigkeitserklärung.[113] In England erlangte Olaudah Equiano mit seiner Lebensgeschichte als Geraubter und Versklavter literarischen Ruhm, und in Deutschland war der erste afrikanische Gelehrte an einer deutschen Universität ebenfalls ein als Kind Versklavter: Anton Wilhelm Amo, geboren im heutigen Ghana und getauft 1707 in Wolfenbüttel, wurde geehrt als Philosoph, Jurist und Sprachengenie, bis ihn vermutlich Anfeindungen bewogen, nach Afrika zurückzukehren. Seine Schrift *Über die Rechtsstellung der Mohren in Europa* (*De iure maurorum in Europa*, 1729) gilt als verschollen, zeigt aber durch seine bloße Existenz seinen Wunsch, eine Stimme zu haben und bei einem der großen Themen seiner Zeit nicht bloß von anderen vertreten zu werden.[114]

Die persönliche Begegnung mit Menschen wie Hall, Equiano und auch Amo als Quelle von erweitertem Mitgefühl darf nicht unterschätzt werden. So manches Vorurteil über den »schwächeren Verstand« von Afrikaner*innen musste zusammenfallen, sobald die so Unterschätzten die Gelegenheit erhielten, ihre Fähigkeiten zu entfalten. Genau aus diesem Grunde war Erziehung zentrales Anliegen aufklärerischer Humanisten. Wie eigenes Erfahrungswissen zum Abbau von Vorurteilen führen kann, zeigt das Beispiel des Erfinders und Staatsmannes Benjamin Franklin. Durch Freundschaften mit Quäkern wurde er zwar zum Abolitionisten, doch an der Überlegenheit der weißen Rasse hielt er – wie auch Thomas Jefferson und andere Gründerväter – fest, wie man in seinen *Observations Concerning the Increase of Mankind, Peopling of Countries, etc.* (›Beobachtungen betreffend die Vermehrung der Menschheit‹, 1751) nachlesen kann. Seine Meinung revidierte Franklin erst offenbar nach einem Besuch einer afroamerikanischen Schule, wie er in einem Brief berichtet: »Ich war insgesamt sehr erfreut und so viel ich sah, habe ich nun eine höhere Meinung von den natürlichen Fähigkeiten der schwarzen Rasse als jemals zuvor.« Die afrikanischen Kinder seien »in jeder Hinsicht den weißen Kindern gleich«.[115]

Bis heute werden Vorurteile auf dieselbe Weise abgebaut: Man gibt Menschen, die man zuvor als geringer angesehen hat, die Möglichkeit, unsere Urteile zu erschüttern. Dann braucht es nur noch den Mut, die Risse in unserem Gebäude aus Meinungen nicht zu kaschieren und die Gründe, einen gleichen moralischen Status abzusprechen, fair zu wägen. Dass alle Menschen in der Menschenwürde denselben moralischen Status teilen, ist im modernen Menschenrechtsdenken aufgehoben. Es befreit uns aber nicht vor ethischen Problemen, die heute noch nachdrücklicher ausfallen als im 18. Jahrhundert. Smiths guter Europäer hätte keinem Chinesen beistehen können. Ein moralisches Sollen ohne Können ist sinnfrei. In unserer Welt, die trotz momentaner Abbrüche der Globalisierung längst ein globales Dorf ist, stellt sich die Frage von moralischen Pflichten Fernstehenden gegenüber radikal neu. Wer sich heute, egal auf welchem Punkt dieser Erde, seines Lebens erfreut, der weiß in der Regel, dass kleine Einschränkungen des eigenen Glücks das zu kleine Glück konkreter Anderer vermehren könnten. Mit einem einzigen Entschluss, mit nur einer Internet-Transaktion.

Wozu verpflichtet uns die Idee, dass alle Menschen die gleiche Würde haben, nun wirklich? Bloß zu negativen Pflichten (»Ich soll dem Glück anderer nicht im Wege stehen oder es gar rauben«)? Oder auch zu positiven Pflichten (»Ich soll zum Wohlergehen anderer aktiv beitragen«), und wenn ja, welchen konkret? Bedeutet der gleiche moralische Status tatsächlich auch identische Rechte? Und mit Blick auf die Vielzahl schwacher oder versagender Staaten weltweit: Wer wäre für die Einlösung positiver Rechte dann verantwortlich? Angesichts der komplexen, ja oft aporetischen, kaum auflösbaren Problemkonstellationen ziehen es manche vor, vom humanistischen Ideal der Aufklärung Abschied zu nehmen. Rette sich wer kann, das Eigene geht vor, das Boot ist immer schon voll. Andere wiederum fordern eine unbedingte moralische Gleichheit aller Menschen mit einer für Unschlüssige zuweilen abstoßenden Rigorosität. Der Widerstreit zwischen diesen beiden Positionen wird die kommenden Jahrzehnte bestimmen. Ist das eine düstere Aussicht? Ja, wenn die Seite eines kosmopolitischen Humanismus den globalen Gruppenfeindseligkeiten aller Art gänzlich unterliegen sollte. Wahrscheinlicher hingegen ist, dass dieser Widerstreit genau jene Reibungsenergie erzeugt, die wir benötigen, um Aufklärung weiterzudenken – um für das, was uns als Aufklärung gilt, einzutreten. Die Zukunft des Humanismus, sie liegt zwischen Verzagtheit und Übermut.

Anmerkungen

1 Vgl. etwa Max Horkheimer und Theodor W. Adorno, *Dialektik der Aufklärung. Philosophische Fragmente*, Amsterdam 1947; Reinhart Koselleck, *Kritik und Krise. Ein Beitrag zur Pathogenese der bürgerlichen Welt*, München 1959.

2 Margaret C. Jacob, *The Secular Enlightenment*, Princeton 2019, S. 1.

3 Denis Diderot, *Nachtrag zu »Bougainvilles Reise«*, in: D. D., *Philosophische Schriften*, hrsg. von Alexander Becker, übers. von Theodor Lücke, Berlin 2013, S. 165.

4 Friedrich Nietzsche, *Die fröhliche Wissenschaft*, Frankfurt a. M. 2000 [1882], S. 137.

5 Ernst Cassirer, *Die Philosophie der Aufklärung*, Tübingen 1932, S. vii.

6 Baruch de Spinoza, *Die Briefe mehrerer Gelehrten an Benedict von Spinoza und dessen Antworten*, hrsg. von J. H. Kirchmann, Berlin 1871 [1675], S. 222.

7 Zit. in: Simon Rocker, »Why Baruch Spinoza is still excommunicated«, https://www.thejc.com/judaism/features/why-baruch-spinoza-is-still-excommunicated-1.56419 [letzter Zugriff am 23. 7. 2020].

8 Judah Rosenthal, »Ḥiwi al-Balkhi. A Comparative Study«, in: *The Jewish Quarterly Review* 38 (1948) S. 317–342.

9 Samuel Pufendorf, Brief an Thomasius, in: Christian Thomasius, *Briefwechsel*, Bd. 1: *Briefe 1679–1692*, hrsg. von Frank Grunert [u. a.], Berlin 2017, S. 22.

10 Arthur Schopenhauer, *Parerga und Paralipomena. Kleine philosophische Schriften*, Bd. 2, Berlin 1851, § 265.

11 Immanuel Kant, »Beantwortung der Frage: Was ist Aufklärung?« [1784], in: I. K., *Denken wagen. Der Weg aus der selbstverschuldeten Unmündigkeit*, Stuttgart 2017, S. 10.

12 Lee McIntyre, *Post-Truth*, Cambridge 2018.

13 Markus Kotzur, »Wenn Argumente scheitern«, in: M. K., *Wenn Argumente scheitern. Aufklärung in Zeiten des Populismus*, Paderborn 2018, S. 68.

14 Kant 2017 (s. Anm. 11), S. 12.

15 Neil Postman, *Die zweite Aufklärung. Vom 18. ins 21. Jahrhundert*, übers. von H. Jochen Bußmann, Berlin 1999, S. 118 f.

16 John Dewey, *How We Think*, Boston 1910, S. 67.

17 Vgl. Theresa Ann Smith, *The Emerging Female Citizen. Gender and Enlightenment in Spain*, Berkeley 2006.

18 Zitate aus: Mary Wollstonecraft, *A Vindication of the Rights of Men* [1790], in: *The Works of Mary Wollstonecraft*, Bd. 5, hrsg. von Janet M. Todd, London 1989, S. 12 ff., 25.

19 Mary Astell, *Some Reflections upon Marriage*, London 1700, S. 17.

20 Zitate aus: Mary Wollstonecraft, *A Vindication of the Rights of Woman* [1792], in: Wollstonecraft 1989 (s. Anm. 18), S. 97, 131.

21 Zitate aus: Theodor Gottlieb von Hippel, *Über die bürgerliche Verbesserung der Weiber*, Berlin 1792, S. 15, 360.

22 Immanuel Kant, *Metaphysik der Sitten*, Frankfurt a. M. 1977 [1797], S. 432 ff.

23 Thomas Paine, *An Occasional Letter on the Female Sex*, in: *Selected Writings of Thomas Paine*, hrsg. von Richard Emery Roberts, New York 1945, S. 3.

24 Vgl. UNICEF Presseaussendung vom 19. 1. 2020, https://www.unicef.org/press-releases/1-3-adolescent-girls-poorest-households-has-never-been-school [letzter Zugriff am 23. 7. 2020].

25 Zit. in: Pauline Gregg, *King Charles I*, London 2011, S. 444.

26 Catharine Macaulay, *The History of England*, Bd. 4, London 1771, S. 435.

27 Richard Overton, *An Arrow Against All Tyrants* [1646], in: *Tracts on Liberty by the Levellers and their Critics*, Bd.3, hrsg. von David M. Hart, Indianapolis 2014, S. 243.

28 John Locke, *Two Treatises of Government*, Cambridge 2012 [1689], S. 385.

29 Thomas Paine, *The Rights of Man* [1791], in: *Common Sense, The Rights of Man, and Other Essential Writings of Thomas Paine*, New York 2003 , S. 169 f.

30 Alexander Kepplerus zit. in: Alexander Kraus, »Nordlichter der Vernunft oder die Aufklärung in Skandinavien«, in: *Orte eigener Vernunft. Europäische Aufklärung jenseits der Zentren*, hrsg. von Alexander Kraus und Andreas Renner, Frankfurt a. M. 2008, S. 97 f.

31 Zitate aus: Hannah Arendt, *On Revolution*, London 1963, S. 167, 49.

32 Thomas Paine, *Common Sense* [1776], in: *Paine* 2003 (s. Anm. 29), S. 27 f.

33 Zitate aus: Immanuel Kant, *Über den Gemeinspruch: Das mag in der Theorie richtig sein, taugt aber nicht für die Praxis*, hrsg. von Heiner F. Klemme, Hamburg 1992 [1793], S. 35, 32.

34 Arendt 1963 (s. Anm. 31), S. 13.

35 J. L. Talmon, *The Origins of Totalitarian Democracy*, New York 1952/1960.

36 Isaiah Berlin, *Freiheit. Vier Versuche*, übers. von Reinhard Kaiser, Frankfurt a. M. 1995 [1969], S. 149.

37 Maximilian de Robespierre, »Sur les principes de morale politique« [1794], in: *Œuvres de Robespierre*, hrsg. von Auguste Vermorel, Paris 1866, S. 295.

38 Edmund Burke, *Reflections on the Revolution in France*, Boston 1894 [1790], S. 458.

39 Mary Wollstonecraft, *An Historical and Moral View on the Origin and Progress of the French Revolution* [1794], in: Wollstonecraft 1989 (s. Anm. 18), Bd. 6, S. 193.

40 Mit dem 17. Verfassungszusatz wurde 1913 diese indirekte Wahl der Senatoren abgeschafft. Seither werden Senator*innen direkt gewählt.

41 James Madison [u. a.], *Federalist Papers*, Nr. 62, New York 2003 [1787–88].

42 Arendt 1963 (s. Anm. 31), S. 228.

43 John Adams, *Thoughts on Government* [1776], in: *The Works of John Adams*, Bd. 4, hrsg. von Charles Francis Adams, Boston 1851, S. 194.

44 Benjamin Constant, *Commentaire sur l'ouvrage Filangieri*, Paris 1822, S. 50 f.

45 Benjamin Constant, *Principles of Politics Applicable to all Governments* [1815], in: *Constant. Political Writings*, hrsg. von Biancamaria Fontana, Cambridge 2010, S. 176 f.

46 Nicolas de Condorcet, *Ideas on Despotism. For the Benefit of Those Who Pronounce This Word without Understanding* [1789], in: *Condorcet. Writings on the United States*, hrsg. von Guillaume Ansart, University Park (PA) 2012.

47 Alexander Hamilton [u. a.], *Federalist Papers*, Nr. 84, New York 2003 [1787/88].

48 Zitate aus: Hans Kelsen, *Allgemeine Staatslehre* [1925], in: H. K., *Verteidigung der Demokratie. Abhandlungen zur Demokratietheorie*, hrsg. von Matthias Jestaedt und Oliver Lepsius, Tübingen 2006, S. 43 ff., 69 ff.

49 Jason Brennan, *Against Democracy*, Princeton 2016, S. 230.

50 John Locke, »Reasons for Tolerating Papists Equally with Others«, in: J. C. Walmsley [u. a.], »John Locke and the Toleration of Catholics. A New Manuscript«, in: *The Historical Journal* 62 (2019) S. 23.

51 Johann Gottlieb Fichte, *Beiträge zur Berichtigung der Urtheile des Publicums über die französische Revolution* [1793], in: J. H. F., Sämmtliche Werke, Bd. 6, Berlin 1845, S. 150.

52 Anna Laetitia Barbauld, *An Address to the Opposers of the Repeal of the Corporation and Test Acts* [1790], in: *The Works of Anna Laetitia Barbauld*, Bd. 2, London 1825.

53 Vgl. Arendt 1963 (s. Anm. 31), S. 192.

54 Johann Gottfried Herder, *Briefe zur Beförderung der Humanität* [1793–97], in: J. G. H., *Werke*, Bd. 7: *Briefe zur Beförderung der Humanität*, hrsg. von Hans Dietrich Irmscher, Frankfurt a. M. 1991, S. 225.

55 Friedrich Nietzsche, *Jenseits von Gut und Böse. Vorspiel einer Philosophie der Zukunft* [1886], Stuttgart 1988, S. 172.

56 Benedict Anderson, *Imagined Communities. Reflections on the Origin and Spread of Nationalism*, London 2006 [1983].

57 Spinoza, *Theological-Political Treatise*, übers. von Jonathan I. Israel, Cambridge 2007 [1670], S. 257.

58 Friedrich der Große, »Fürstenspiegel« [1744], in: F. d. G., *Ausgewählte Schriften*, hrsg. von Ulrike-Christine Sander, Frankfurt a. M. 2011, S. 49

59 Gotthold Ephraim Lessing, *Nathan der Weise*, Stuttgart 2000 [1779], S. 78, V. 1915 f.

60 Roger Williams, *The Bloudy Tenet of Persecution for Cause of Conscience*, Providence (RI) 1868 [1644].

61 Vgl. Charles de Montesquieu, *Vom Geist der Gesetze*, Bd. 2, übers. von Ernst Forsthoff, Tübingen 1992 [1748], S. 196 ff.

62 Pierre Bayle, *Commentaire Philosophique sur ces Paroles de Jésus-Christ »Contrains-les d'entrer«*, Canterbury 1686.

63 Émilie du Châtelet, *Examinations of the Bible*, in: E. d. C., *Selected Philosophical and Scientific Writings*, hrsg. von Judith P. Zinsser, Chicago 2009, S. 281.

64 Voltaire, Brief an Friedrich 1740, in: *Voltaire. Friedrich der Große. Briefwechsel*, hrsg. und übers. von Hans Pleschinski, München 2004, S. 246.

65 Zitate aus: Hermann Samuel Reimarus, *Apologie oder Schutzschrift für die vernünftigen Verehrer Gottes*, Bd. 1, hrsg. von Gerhard Alexander, Frankfurt a. M. 1972, S. 705, 176, 41.

66 E. S. v. AUSTRIA 38450/12 (2019).

67 *Das Edikt von Nantes. Das Edikt von Fontainebleau*, hrsg. vom Dt. Hugenottenverein, Flensburg 1963, S. 28.

68 Voltaire, *Schriften*, Bd. 2: *Republikanische Ideen*, hrsg. von Günther Mensching, Frankfurt a. M. 1979, S. 604.

69 Zitate aus: Voltaire, *Candide oder Der Optimismus*, übers. von Stephan Hermlin, Stuttgart 2007 [1759], S. 10, 18, 173.

70 John Locke, *Ein Brief über Toleranz* [*A Letter on Toleration*], engl./dt., übers. von Julius Ebbinghaus, Hamburg 1966 [1685/86], S. 94.

71 Benjamin Rush, *Essays, Literary, Moral and Philosophical*, Philadelphia 1806, S. 8.

72 Zitate aus: David Hume, *Dialogues Concerning Natural Religion*, hrsg. von J. C. A. Gaskin, Oxford 2008 [1779], S. 69 f., 92 f.

73 David Hume, *The Natural History of Religion*, hrsg. von J. C. A. Gaskin, Oxford 2008 [1757], S. 184.

74 Julien Offray de La Mettrie, *Die Maschine Mensch*, frz./dt., übers. von Claudia Becker, Hamburg 2009 [1747], S. 37.

75 Zitate aus: Paul-Henri Thiry d'Holbach, *Système de la nature ou des loix du monde physique et du monde moral*, London 1770, S. 1, 8, 67 f.

76 Friedrich Nietzsche, *Die nachgelassenen Fragmente. Eine Auswahl*, hrsg. von Günter Wohlfart, Stuttgart 1996, S. 232.

77 Philip Cafaro, »Epilogue. Is Humanity a Cancer on the Earth?«, in: *Life on the Brink. Environmentalists Confront Overpopulation*, hrsg. von Philip Cafaro und Eileen Crist, Athens (GA) 2012, S. 315.

78 Immanuel Kant, *Grundlegung zur Metaphysik der Sitten*, hrsg. von Theodor Valentiner, Stuttgart 2019 [1785], S. 63.
79 George Kateb, *Human Dignity*, Cambridge 2011, S. 27.
80 La Mettrie 2009 (s. Anm. 74), S. 125.
81 Kant 1977 (s. Anm. 22), S. 453.
82 Jeremy Bentham, *The Principles of Morals and Legislation*, Amherst (NY) 1988 [1789], S. 1.
83 Christian Thomasius, *Über die Hexenprozesse*, hrsg. von Rolf Lieberwirth, Weimar 1967 [1701], S. 95.
84 Cesare Beccaria, *Des Herrn Marquis von Beccaria unsterbliches Werk von Verbrechen und Strafen*, hrsg. von Karl Ferdinand Hommel, Berlin 1966 [1764], S. 122.
85 Charles de Montesquieu, *Vom Geist der Gesetze*, Bd. 1, übers. von Ernst Forsthoff, Tübingen 1992 [1748], S. 421 f.
86 Jeremy Bentham, *The Rationale of Punishment*, London 1830.
87 Samuel Pufendorf, *Gesammelte Werke*, Bd. 2: *De officio*, hrsg. von Georg Hartung, Berlin 1997 [1673], S. 217.
88 Zitate aus: G. W. F. Hegel, *Grundlinien der Philosophie des Rechts*, hrsg. von Bernhard Lakebrink, Stuttgart 1970 [1821], S. 206, 199 f.
89 Vgl. Hannah Arendt, *Eichmann in Jerusalem*, München 2008 [1964], S. 404.
90 Emer de Vattel, *Le droit des gens, ou principes de la loi naturelle*, Bd. 2, London 1758, S. 158.
91 Zitate aus: Kant 1992 (s. Anm. 33), S. 46, 45, 346.
92 Vgl. auch Immanuel Kant, *Zum ewigen Frieden. Ein philosophischer Entwurf*, hrsg. von Rudolf Malter, Stuttgart 1984 [1795].
93 Voltaire, Brief an Friedrich 1742, in: Pleschinski 2004 (s. Anm. 64), S. 268.
94 Kant 1984 (s. Anm. 92), S. 24.
95 Louis de Jaucourt, »Krieg«, in: *Enzyklopädie. Eine Auswahl*, übers. von Günter Berger, Frankfurt a. M. 2013, S. 177.
96 Hugo Grotius, *Vom Recht des Krieges und des Friedens*, Tübingen 1950 [1625], S. 510 f.
97 Kant 1984 (s. Anm. 92), S. 29.
98 David Livingstone Smith, *The Most Dangerous Animal. Human Nature and the Origins of War*, New York 2007.

99 Kant 1984 (s. Anm. 92), S. 48.
100 Zitate aus: Adam Smith, *The Theory of Moral Sentiments*, London 2009 [1759], S. 159, 170.
101 Hobbes, *The Elements of Law*, Oxford 2008 [1650], S. 44.
102 Francis Hutcheson, *An Inquiry into the Original of Our Ideas of Beauty and Virtue*, London 1725.
103 Claude Adrien Helvétius, *De L'Esprit*, Paris 1758, Kap. 13.
104 David Hume, *A Treatise of Human Nature* [1739], in: D. H., *The Philosophical Works*, Bd. 2, Aalen 1964, S. 277 f.
105 Lorraine Daston, *Wunder, Beweise und Tatsachen. Zur Geschichte der Rationalität*, übers. von Gerhard Herrgott, Frankfurt a. M. 2001, S. 130 f.
106 Allen E. Buchanan / Russell Powell, *The Evolution of Moral Progress. A Biocultural Theory*, Oxford 2018.
107 Charles Darwin, *The Descent of Man, and Selection in Relation to Sex*, Chicago 1952 [1871].
108 Zitate aus: Buchanan/Powell 2018 (s. Anm. 106), S. 208, 208 f.
109 Friedrich der Große, »Vorrede zu Voltaires *Henriade*« [1739], in: F. d. G. 2011 (s. Anm. 58), S. 145.
110 Hans Joas, *Die Sakralität der Person. Eine neue Genealogie der Menschenrechte*, Berlin 2011.
111 Zitate aus: Montesquieu 1992 (s. Anm. 85), S. 335, 338.
112 Wollstonecraft 1989 (s. Anm. 18), S. 14.
113 Prince Hall, Petition 1/13/1777, Massachusetts Archives.
114 Vgl. Burchard Brentjes, »Anton Wilhelm Amo, First African Philosopher in European Universities«, in: *Current Anthropology* 16 (1975) S. 443 f.
115 Benjamin Franklin, Brief 1763, zit. in: William E. Juhnke, »Benjamin Franklin's Views of the Negro and Slavery«, in: *Pennsylvania History. A Journal of Mid-Atlantic Studies* 41 (1974) S. 381.

Weiterführende Literatur

Zu Kapitel I

Israel, Jonathan I.: Enlightenment Contested. Philosophy, Modernity, and the Emancipation of Man 1670–1752. Oxford 2006.
Lloyd, Genevieve: Enlightenment Shadows. Oxford 2013.
Martus, Steffen: Aufklärung. Das deutsche 18. Jahrhundert. Ein Epochenbild. Berlin 2015.
Outram, Dorinda: The Enlightenment. New Approaches to European History. Cambridge 2019 [zuerst 1995].
Pagden, Anthony: The Enlightenment. And Why it Still Matters. Oxford 2013.
Stollberg-Rilinger, Barbara: Die Aufklärung. Europa im 18. Jahrhundert. Stuttgart 2011.

Zu Kapitel II

Frevert, Ute: Frauen-Geschichte. Zwischen Bürgerlicher Verbesserung und Neuer Weiblichkeit. Frankfurt a. M. 1986.
Morrow, Jeffrey L.: Three Skeptics and the Bible. La Peyrère, Hobbes, Spinoza, and the Reception of Modern Bible Criticism. Eugene (OR) 2016.
Oreskes, Naomi: Why Trust Science? Princeton 2019.
Popkin, Richard: The History of Scepticism. From Savonarola to Bayle. Oxford 2003.
Sommers, Christina Hoff: Freedom Feminism. Its Surprising History and Why it Matters Today. Washington D. C. 2013.
Taylor, Barbara / Knott, Sarah (Hrsg.): Women, Gender and Enlightenment. Basingstoke 2005.

Zu Kapitel III

Grayling, A. C.: Towards the Light. The Story of Struggles and Rights that Made the Modern West. London 2007.
Holmes, Stephen: Benjamin Constant and the Making of Modern Liberalism. New Haven 1984.

Hunt, Lynn: Inventing Human Rights. A History. New York 2007.
Israel, Jonathan I.: Die Französische Revolution. Ideen machen Politik. Stuttgart 2017.
King, Anthony: The Founding Fathers v. the People. Paradoxes of American Democracy. Cambridge 2012.
Wollgast, Eike: Geschichte der Menschen- und Bürgerrechte. Stuttgart 2009.

Zu Kapitel IV

Angeli, Oliviero: Migration und Demokratie. Ein Spannungsverhältnis. Stuttgart 2018.
Dreier, Horst: Staat ohne Gott. Religion in der säkularen Moderne. München 2018.
Forst, Rainer: Toleranz in Konflikt. Geschichte, Gehalt und Gegenwart eines umstrittenen Begriffs. Frankfurt a. M. 2003.
Lacorne, Denis: The Limits of Tolerance. Enlightenment Values and Religious Fanaticism. New York 2019.
Schulte, Christoph: Die jüdische Aufklärung. Philosophie, Religion, Geschichte. München 2002.

Zu Kapitel V

Avery, John: Progress, Poverty and Population. Re-reading Condorcet, Godwin and Malthus. London 1997.
Bessler, John D.: The Baron and the Marquis. Liberty, Tyranny, and the Enlightenment Maxim that Can Remake American Criminal Justice. Durham (NC) 2019.
Blom, Philipp: Böse Philosophen. Ein Salon in Paris und das vergessene Erbe der Aufklärung. München 2011.
Curran, Andrew S.: The Anatomy of Blackness. Science and Slavery in an Age of Enlightenment. Baltimore 2011.
Hilgendorf, Eric / Seminara, Sergio (Hrsg.): Strafrechtsphilosophie der Aufklärung. Tagungsbeiträge Pavia 19.–21. Juni 2015. Berlin 2018.
Hoerster, Norbert: Muss Strafe sein? Positionen der Philosophie. München 2012.
Walzer, Michael: Arguing about War. New Haven 2004.

Zur Autorin

MARIE-LUISA FRICK, geb. 1983, ist habilitierte Philosophin und arbeitet als Assoziierte Professorin am Institut für Philosophie an der Universität Innsbruck.

Von ihr ist bei Reclam in der Reihe [Was bedeutet das alles?] bereits 2017 der Band *Zivilisiert streiten. Zur Ethik der politischen Gegnerschaft* erschienen.